넷플릭스 인사이드

넷플릭스 인사이드

초판 1쇄 발행 2025년 9월 30일
초판 2쇄 발행 2025년 10월 30일

지은이 서보경
펴낸이 오세인 | **펴낸곳** 세종서적(주)

국장 주지현
편집 최정미 | **표지디자인** 박은진 | **본문디자인** 윤영미
마케팅 조소영 | **경영지원** 홍성우

출판등록 1992년 3월 4일 제4-172호
주소 서울시 광진구 천호대로132길 15, 세종 SMS 빌딩 3층
전화 (02)775-7012 **마케팅** (02)775-7011 | **팩스** (02)319-9014

홈페이지 www.sejongbooks.co.kr | **네이버 포스트** post.naver.com/sejongbooks
페이스북 www.facebook.com/sejongbooks | **원고 모집** sejong.edit@gmail.com

ISBN 979-11-993787-3-5 03320

· 잘못 만들어진 책은 바꾸어드립니다.
· 값은 뒤표지에 있습니다.

NETFLIX

세계 최대 엔터 제국 넷플릭스 성공의 비밀

넷플릭스 인사이드

서보경 지음

INSIDE

세종

일러두기

1. 이 책의 일부 내용은 넷플릭스 창업자 리드 헤이스팅스가 작성한 「넷플릭스 문화 메모」(이후 「문화 메모」)의 초기 버전을 바탕으로 한다. 구글에서 "2009 Netflix Culture Memo Deck"로 검색하면 누구나 열람할 수 있다. 2009년 첫 공개 이후, 이 문서는 넷플릭스의 조직 문화와 전략 변화에 따라 표현과 구성 측면에서 점차 수정되어왔으며, 향후에도 그 변화는 계속될 것으로 보인다. 그러나 그 핵심 철학은 여전히 초기 버전에 뿌리를 두고 있다.

2. 본문에 인용된 「문화 메모」는 위에 소개한 영어 원문(2009년 초기 버전)을 필자가 한국어로 번역한 것이다. 최근에 업데이트된 버전과는 일부 표현이나 구조에서 차이가 있으며, 이 번역본은 넷플릭스가 제공한 공식 한국어 버전이 아님을 분명히 밝힌다.

3. 이 책은 넷플릭스의 기업 문화와 조직 철학을 소개하는 데 목적이 있으며, 영업 전략이나 재무 정보, 내부 프로젝트 등 기업 가치에 영향을 줄 수 있는 민감한 정보는 일절 다루지 않는다. 모든 내용은 공개된 자료와 저자의 경험을 바탕으로 구성되었고, 넷플릭스의 사전 검토나 확인을 거친 바 없으며, 넷플릭스의 공식 입장을 대변하거나 내부 정보를 유출하려는 의도가 아님을 명확히 한다.

추천의 글

동영상의 시대, 수많은 OTT 중 넷플릭스는 무엇이 달라서 업계 최고가 되었는가? 작가가 몸소 겪은 넷플릭스 체험담.

_**슈카(전석재)** | 경제 유튜브 「슈카월드」 운영자

넷플릭스와 일해보고 싶은 모든 예술인의 필독서.

_**박해진** | 넷플릭스 출연 배우

"최고의 기량을 지닌 선수를 선발하고, 그들에게 신뢰와 자율, 그리고 책임을 부여한다. 단장과 감독, 선수 사이의 치열한 소통과 협상." 이 책 속 넷플릭스의 조직 운영 방식은 마치 최고를 지향하는 프로야구단이 냉혹한 승부 세계를 헤쳐나가는 과정과 닮아 있다. 페이지를 넘길수록 넷플릭스라는 거대 기업의 독특한 철학과 일하는 방식이 흥미진진하게 펼쳐져 지루할 틈이 없다. 최고의 인재들이 모여 개인 역량과 팀워크로 승부하는 생생한 현장은, 마치 LG트윈스의 한 경기처럼 박진감 넘치고 재미있다.

_**이규홍** | 전 LG스포츠 사장 겸 LG트윈스 구단주 대행

세상의 모든 조직이 꿈꾸는 자기 주도형 초고성과 조직! 이 책은 현실에선 불가능해 보이는 이상적 문화를 실제로 구현해낸, 세계 최고 엔터테인먼트 기업 넷플릭스의 비밀을 생생하게 풀어낸다.

_김형곤 | 보스턴컨설팅그룹 코리아 대표, 시니어 파트너

세계 최고의 엔터 기업 넷플릭스를 내부에서 조명한 이 책은 마치 KFC 오리지널 치킨 같다. 독보적으로 특별하고, 빠져들수록 매혹적이며, 강렬한 여운을 남긴다.

_신호상 | KFC 코리아 대표이사

30년 넘게 글로벌 테크 기업과 컨설팅 업계에서 인사·조직 분야를 경험했지만, 『넷플릭스 인사이드』는 실리콘밸리에서도 이례적이라 할 만큼 독특한 기업 문화를 바탕으로 성장해온 넷플릭스의 핵심 동력을 정밀하게 드러낸다. '가족'이 아닌 '프로팀'으로 움직이는 조직이 자율과 책임을 어떻게 결합해 고성과 문화를 만들어내는지, 그 실질적인 인사이트는 변화를 모색하는 모든 리더에게 강력한 자극이 될 것이다. 특히 변화 속도가 더욱 빨라진 지금, 유연성과 성과를 동시에 요구받는 한국 기업 리더들에게도 중요한 시사점을 던지는 책이다.

_황성현 | 가천대학교 스타트업 칼리지 교수, 퀀텀인사이트 대표, 전 카카오 부사장

미디어, 방송, 콘텐츠 종사자와 지망생들을 위한 필독서.

_송병준 | 한국드라마제작협회 회장

이 책을 읽다 보면 넷플릭스에서 저자와 함께 뛰어다니던 날들이 다시 '투둠' 소리와 함께 살아난다. 우리가 매일 부딪치던 치열함과 짜릿함을 그대로 옮겨놓았다.

_김우영 | 리디 콘텐츠 전략 담당, 전 넷플릭스 코리아 프로덕션 재무 담당

미국 테크 기업에 투자할 때 중요한 것은 단순히 현재 실적을 보는 것이 아니라 미래 성장성을 읽어내는 일이다. 이 책에서 말하는 넷플릭스의 일하는 방식과 문화는 단순한 조직 관리가 아니라 장기 성장을 이끄는 핵심 동력이다. 투자자라면 숫자 너머의 문화를 볼 줄 알아야 한다. 그런 점에서 이 책은 반드시 읽어야 할 필독서다.

_에르메 | 네이버 공식 인증 경제 전문 인플루언서

"규칙 없이도 조직이 운영될 수 있을까?" 이 책은 그 질문에 대한 생생한 답이다. 저자는 넷플릭스라는 거대한 실험실에서 직접 경험한 '자유와 책임'의 문화를 구체적으로 전한다. 단순한 벤치마킹을 넘어, 왜 그런 문화가 가능하고 어떻게 작동하는지 그 원리를 깊이 파헤친다. 특히 "최고의 복지는 최고의 동료"라는 명제는 우리가 간과했던 조직 문화의 본질을 날카롭게 짚어낸다. 경영학 교과서에서는 결코 배울 수 없는, 미래 조직의 실체를 보여주는 실무서다.

_이동우 | SERICEO 비즈니스 북클럽 북멘토, 고려대 특임교수

프롤로그

"우리는 가족이 아니다, 프로팀이다"

"안녕하세요, 서보경 씨. 넷플릭스 싱가포르 채용팀입니다. 잠시 통화 가능하실까요?"

2019년 5월 11일, 낯선 해외 번호로 걸려온 전화 한 통을 받았다.

당시 나는 보스턴컨설팅그룹BCG 서울 오피스에서 경영 전략 컨설턴트로 일하고 있었다. 그리고 넷플릭스는 지금처럼 한국에서 익숙한 브랜드가 아니었다. 그 무렵에는 그저 "미국에서 잘나가는 스트리밍 회사" 정도로 인식되어 있을 뿐이었다. 게다가 지원한 적도, 관심을 가진 적도 없던 회사에서 온 갑작스러운 전화였다. 혹시 보이스 피싱은 아닐까, 의심이 들 만큼 의외였다.

그래서 물었다.

"그런데 제 연락처는 어떻게 찾으신 거죠?"

리크루팅 담당자 L은 이렇게 답했다.

"저희 넷플릭스는 조금 달라요. 외부 헤드헌터도, 대규모 공채도 쓰지 않아요. 채용팀이 직접 오픈된 포지션에 맞는 인재를 찾아 연락하고, 문화 적합성과 실력을 함께 봅니다. 인터뷰는 그다음이에요."

첫 만남부터 달랐다

그 순간부터였다. 이 회사, 뭔가 심상치 않다는 예감이 들기 시작했다.

L은 나에게 한 가지를 권했다. 넷플릭스의 문화를 이해하고 싶다면, 인터넷에서 "Netflix Culture Memo"(넷플릭스 문화 메모)를 꼭 읽어보라는 것이었다. '메모'라고 해서 두어 장짜리 짧은 글일 줄 알았는데, 무려 100페이지가 넘는 조직 철학에 관한 선언문이었다. 그것도 창립자인 리드 헤이스팅스Reed Hastings가 직접 공들여 작성한 문서였다.

정말 이게 가능한가?
정말 이렇게 운영되는 조직이 존재하는가?
그 문서를 읽는 내내 의문과 흥분이 교차했다. 궁금한 점이 쏟아졌고, 마음속엔 질문이 끝없이 이어졌다. 몇 년이 지난 지금도, 그때 느낀 인상은 여전히 선명하다. 툭 건드리기만 해도 되살아날 만큼 강하게 각인된 문장들이 지금도 생생히 떠오른다.

"우리는 평균 이상의 인재와는 작별한다. 오직 최고의 인재만을 남긴다."
"출장비, 법인카드, 휴가 사용에 대한 규정은 없다."
"최고의 복지는 생맥주가 아니라 동료 그 자체다."
"우리는 가족이 아니다. 프로 스포츠팀이다."
"압도적인 업계 최고로 대우한다."
"성과급은 없다. 모든 보너스를 기본급에 포함해 안정성과 몰입을 높인다."

모두가 꿈꾸는 조직, 아니 그것도 초월한 어떤 이상향처럼 느껴졌다. 과연 이 말들이 현실 속에서 어떻게 구현되고 있는지, 나로서는 도저히 가늠할 수 없었다. 그래서 인터뷰에 참여하기로 했다.

그다음 2주간, 총 여섯 차례에 걸친 인터뷰가 진행되었다. 놀라웠던 것은 그 속도와 효율이었다. 한 시간 넘게 이어지는 질문 세례도, 장황한 프레젠테이션 준비도 필요 없었다. 모든 라운드는 핵심만 날카롭게 던지고 빠르게 판단하는 방식이었다. 한 차례의 면접은 평균 30분 내외였고, 전체 채용 과정이 2주도 채 걸리지 않았다.

 넷플릭스는 첫 만남부터 '다르게 일하는 법'을 보여주고 있었다. 그것은 단순한 채용 절차가 아니라 조직 문화 자체의 예고편이었다. 그 예고편 속으로 내가 곧 들어가게 될 줄은, 그때까지만 해도 미처 몰랐다.

넷플릭스에서의 회고록:
파격과 긴장의 조직에서 내가 마주한 자율과 책임

"축하합니다. 넷플릭스에 최종 합격하셨습니다."

 마지막 면접이 끝난 지 이틀 만에 날아온 합격 이메일은, 시작부터 결이 달랐다. 그다음에는 기다렸다는 듯 연봉 협상으로 곧장 넘어갔다. 넷플릭스 싱가포르 오피스의 HR 담당자가 건넨 첫마디는 지금도 생생히 기억난다.

 "당신이 현재 직급에서 받을 수 있는 최고 수준의 연봉을 찾아서 알려주세요. 가장 높은 숫자를 기준으로 보겠습니다."

 믿기 힘든 말이었다.

 보통 기업의 인사 담당자는 예산에 맞춰 연봉을 '조정'하는 데 집중한다. 반협상, 반설득. 그런데 이쪽은 오히려 나에게 '가장 비싼 기준'을 제시하라고 한다.

 그래서 되물었다.

"다른 회사들도 포함해서요? 경쟁사도요?"

담당자는 고개를 끄덕이며 말했다.

"네, 경영 컨설팅과 투자업계 주요 기업이면 됩니다. 그리고 걱정 마세요. 당신이 받게 될 제안이 섭섭하지는 않을 겁니다."

실제로도 그랬다. 담당자의 마지막 한마디는 아직도 잊히지 않는다.

내가 제출한 비교 리스트 중에서 가장 높은 '연봉 + 보너스 패키지' 수준조차도 훌쩍 뛰어넘는 금액이 제시되었다. 내가 속한 산업군에서는, 나이나 연차를 고려해봐도 거의 상한선에 가까운 수준이었다. 한국 기준으로는 어느 회사를 가더라도 상상하기 어려운 금액이었다.

'이 숫자가 사실인가?'

계약서는 단출했고, 제안은 단호했다.

"이틀 안에 사인해서 돌려주세요."

인사 담당자는 꽤 자신 있어 보였다. 그럴 만도 했다. 예상조차 하지 않았던 수준의 연봉을 먼저 제안했고, 세계에서 가장 빠르게 성장하는 기업에서 아시아 전략을 책임지는 자리였으니, 속으로는 이렇게 생각했을지도 모른다.

'이 정도 조건을 보고도 거절한다면 그게 더 이상한 일이 아닐까?'

나 역시 거절할 이유가 없었다.

계약서를 받자마자 한 시간 만에 읽고, 서명하고, 스캔해서 이메일로 보냈다.

그렇게 나는 넷플릭스에 입사했다.

이후 2021년 12월까지의 긴 여정 동안, 그 문화가 정말 허상이 아니라는 것을 내 두 눈으로 직접 확인했다. 처음부터 마지막까지, 모든 것이 '진짜'였다.

- 이사Relocation 과정에서 항공권, 호텔, 교통수단 선택은 전적으로 자율이었다. 나는 국적기 이코노미석을 예약했고, 회사와 가장 가까운 호텔을 골랐다. 누구도 감시하거나 보고를 요구하지 않았다. 기준은 단 하나였다. '현명한 판단일 것.'

- 출근 첫날, 내 책상 옆 부서가 통째로 사라졌다. AI 자동화로 수십 명이 하루아침에 일자리를 잃은 것이었다. 넷플릭스의 '결정은 빠르게, 유예는 없다'는 문화를 첫날부터 경험한 셈이었다.

- 직원 식당의 점심은 그야말로 예술이었다. 코리아 오피스에서는 갈비찜과 제육볶음, 된장찌개가 나왔다. 평범한 단체급식 수준이 아니었다. 호텔 뷔페 수준의 식사가 매일 제공되었

다. 최고의 복지는 '같이 일하는 동료'였고, 식사도 예외는 아니었다.

- 출장은 비즈니스 클래스였다. 서울에서 이른 아침부터 미팅이 있을 때면 싱가포르에서 밤 비행기를 타고 출발했다. 항공권 등급, 호텔 등급, 교통편에 대한 규정은 따로 없었다. 조건은 단 하나, 합리적이고 현명하게 처신할 것.

- 코리아 오피스의 분위기는 어딘가 낯설었다. 아니, 이상할 만큼 좋았다. 모두 눈빛이 반짝였고, 집중력은 마치 전시 상황을 방불케 했다. '일에 이렇게 몰입한 사람들이 실제로 있구나.' 월급 루팡은커녕 누구보다 엄격하게 스스로를 관리하며 넷플릭스의 기준을 지켜내려 애썼다.

- 3개월 이내 퇴출도 실제 있었다. 성과 기준에 미치지 못하거나 출장지에서 법인카드로 과소비한 사람은 경고 없이 퇴장당하기도 했다. 두 번째 기회는 없었다. '자율'은 '무책임'을 결코 허용하지 않았다.

그렇게 나는 넷플릭스라는 조직 안에서 짜릿하면서도 냉정한 시간을 경험했다. 그리고 이제는 확신 있게 말할 수 있다.

"그게 진짜 되더라고요."

이 책은 단순히 넷플릭스를 칭송하기 위한 기록이 아니다.

그 문화가 어떻게 작동했는지, 무엇을 가능하게 했는지, 그리고 어디서 한계를 드러냈는지를 경험자의 시선과 구조적 관점에서 풀어낸다. 또한 독자의 현실에 닿을 수 있도록 이야기로 엮은 인사이드 리포트다.

자, 이제 준비됐다면 넷플릭스의 상징적인 소리와 함께 문을 열어보자.

"투둠!"

| 차례 |

추천의 글   5
프롤로그 "우리는 가족이 아니다, 프로팀이다"   8

투둠 "그런데 진짜 이게 된다고?"   22

1부
넷플릭스를 세계 정상으로 이끈 9가지 원동력

1장   세상에서 가장 비싼 의사결정

1 판단력 데이터가 침묵할 때 필요한 힘
확실한 판단을 위한 데이터는 결코 충분하지 않다   39
모두가 책임진다고 할 때 아무도 책임지지 않는다   42
| 넷플릭스 웨이 | 불확실성을 뚫고 나오는 판단력의 비밀   45

2 커뮤니케이션 30분이면 충분하다
'101 미팅' – 넷플릭스의 결정 공식   50
| 넷플릭스 웨이 | 본질에 집중하는 토론: 3P 프레임   53

3 임팩트 KPI 대신 임팩트를 선택한 이유
업무 절차 개선이 아닌 탁월한 결과   **57**
| 넷플릭스 웨이 | 숫자 너머, 진짜 임팩트를 본다   **61**

2장 상상을 현실로 만드는 힘

4 호기심 질문 하나가 바꾼 예측 모델
넷플릭스에서 호기심은 혁신의 출발점이다   **68**
경계를 허무는 호기심과 공유의 힘   **70**
| 넷플릭스 웨이 | 호기심은 일하는 방식을 어떻게 바꾸는가   **74**

5 혁신 드라마보다 재미있는 마케팅의 탄생
넷플릭스식 마케팅: 알리지 않는다, 찾아오게 만든다   **78**
| 넷플릭스 웨이 | 틀을 바꾸지 않으면, 아무것도 바뀌지 않는다   **81**

6 용기 침묵을 깨는 사람에게 기회를 주다
침묵은 금이 아니다, 투명함이 금이다   **84**
| 넷플릭스 웨이 | 용기를 시스템으로 발휘하게 만든 회사   **88**

3장 세계 200개국을 사로잡은 지속력

7 **열정** 끝까지 밀어붙이는 힘의 정체
　진짜 열정은 끝까지 해내고 싶은 마음이다　　　　　　　　94
　열정을 불편하게 여기지 않는 문화　　　　　　　　　　　96
　| 넷플릭스 웨이 | 사람은 불꽃, 조직은 연료통　　　　　　98

8 **정직** 솔직한 말이 관계를 지킨다
　불편해도 정직하게　　　　　　　　　　　　　　　　　102
　| 넷플릭스 웨이 | 정직은 조직의 방화벽이다　　　　　　106

9 **이타성** 호기심과 만나면 임팩트가 된다
　경계는 없다, 먼저 움직이는 사람이 주인이다　　　　　110
　| 넷플릭스 웨이 | '우리 팀 성과'만으로는 불가능하다　　115

　| 1부 결론 | 세계적 탁월함을 만드는 9가지 순환 엔진　117

2부

세계에서 가장 거대한 스타트업
자유와 책임으로 움직이는 초고성과 조직

4장 적당히는 없다: 넷플릭스식 초고성과의 조건

"우리는 가족이 아니다, 프로팀이다"   124
최고의 복지는 '최고의 동료'다   127
키퍼 테스트: "이 사람을 위해 싸울 것인가?"   129
| 넷플릭스 웨이 | 유연한 조직은 모두를 다르게 일하게 만든다   133

5장 자유는 특권이 아니다: 책임이 묻어 있는 권한

거부할 자유, 감수할 책임   139
법카 무제한, 휴가 무제한: 진짜 자유가 통제보다 강한 이유   141
| 넷플릭스 웨이 | 자율을 말하기 전에, 먼저 설계해야 할 것들   145

6장 맥락만 주고, 통제는 없다: 넷플릭스가 지시 대신 선택한 것

매뉴얼이 아닌 '왜'를 공유하는 조직   151
질문으로 시작하고, 임팩트로 답하는 팀   153
콘텐츠만큼 재미있는 넷플릭스 마케팅의 비밀   155
정답을 주지 않는다, 기준을 맡긴다   159
| 넷플릭스 웨이 | 지시 없이도 스스로 움직이게 만드는 힘   163

7장 느슨하지만 단단하게: 넷플릭스식 연결과 협업

단단히 결속된 조직: 스타트업의 첫 성장 곡선	**170**
사일로의 덫: 대기업이 넘어야 할 벽	**171**
강하게 연결되고, 느슨하게 짝지어진 팀: "오케이, 뒤는 맡겨"	**173**
| 넷플릭스 웨이 | 넷플릭스를 베끼지 마라, 내 사람들을 믿기 전에는	**178**

8장 돈은 문제가 아니다: 세계 최고 대우의 철학

"신나게 일하라고 최고 대우를 해주는 겁니다"	**189**
충성심이 아니라 실력으로 남는다	**191**
환영식은 없다, 실전만 있다	**192**
시세를 따르지 않고 시세를 만든다: 넷플릭스의 연봉 철학	**194**
넷플릭스식 퇴사의 품격	**196**
| 넷플릭스 웨이 | 잘하는 사람에게 아낌없이, 못하면 빠르게 퇴장	**199**

9장 교육하지 않는다, 실전에 던진다: 승진과 자기계발

그 자리에 가장 적합한 사람을 당장 데려온다   206
넷플릭스가 인재를 판단하는 단 하나의 질문   209
| 넷플릭스 웨이 | 넷플릭스에는 연습 경기가 없다   213

10장 우리 조직에 적용하기: 어디까지, 어떻게

'부분 이식'부터 시작하라   222
피드백과 투명성은 모든 변화의 출발점이다   223
자율을 가능하게 하는 3가지 조건:
    신뢰, 경쟁력 있는 보상 그리고 과감한 이별   225
기준은 언제나 하나: "What's Best for the Company"   226
문화는 문서가 아니라 '구성원의 선택과 인정'에서 나온다   228

에필로그 최고의 복지는 최고의 동료   231

투둠

"그런데 진짜
이게 된다고?"

직원 식당엔 세계 각국의 요리가 넘쳐나고, 법인카드에는 한도도, 규정도 없다. 연차는 무제한, 육아 휴직은 최대 12개월에 급여 100퍼센트 지급. 출퇴근 택시비도, 출장 시 항공권 클래스나 호텔 등급도 모두 자율에 맡긴다. 시가총액 700조 원이 넘는 세계 최고의 엔터테인먼트 공룡 넷플릭스가 자유와 책임에 기반해 운영하는 모습이다.

넷플릭스는 처음부터 '모두를 위한 회사'가 될 생각은 없었다. 오직 최고만이 살아남는, 냉정하고도 치열한 무대였다. '좋은 사람이 아니라 뛰어난 사람'을 찾는다. 정해진 룰도, 안전망도 없다. 그 대신 당신이 그만큼 잘한다면, 그 누구보다도 큰 자율과 보상을 누릴 수 있다.

그래서 넷플릭스는 말한다. "우리는 가족이 아니다. 우리는 챔피언십을 노리는 스포츠팀이다." 그 말처럼, 이 회사에서 살아남는다는 것은 실력으로 계속 증명한다는 뜻이다. 그렇다. 넷플릭스는 소수 정예의 최고 인재만을 뽑아, 극단적인 성과지향 조직을 만들어낸 기업으로 유명하다.

『규칙 없음No Rules Rules』, 『파워풀Powerful』 같은 책들을 통해 그 독특한 문화는 이미 잘 알려져 있다. 하지만 이런 책들 대부분은 창업자 리드 헤이스팅스나 초기 멤버들의 시선에서 쓰였기에, 때로는 다소 이상화된 부분도 눈에 띈다.

세상에서 가장 이상한 방식으로 일하는 사람들

넷플릭스 문화를 다룬 책들을 읽다 보면, 마치 현실 조직이 아니라 요정들이 사는 이상적인 세계를 묘사한 듯한 인상을 받을 때가 있다. 성과 목표도 없고, 결재 라인도 없으며, 휴가 일수 제한은 물론이고, 급여 상한선조차 없다. 보너스는 기본급에 포함되어 업계 최고 수준의 연봉을 보장한다.

하지만 그 이면에는 냉정하고 단호한 기준이 존재한다. 채용은 극도로 신중하게 이루어지고, 기대치에 미치지 못하는 순간 예외 없이 해고Let-Go가 적용된다. 느슨한 통제가 가능하려면 구성원 스스로 높은 성과 기준을 지켜내야 한다는 전제가 깔려 있다. 이러한 모순적으로 보이는 구조 속에서, 한때 미국 내 작은 DVD 대여 스타트업이었던 넷플릭스는 세계 최고 수준의 엔터테인먼트 기업으로 성장했다.

기존의 책들은 이러한 문화가 어떻게 가능했는지를 개념적으로 설명하거나, 제한된 사례를 중심으로 풀어낸다. 하지만 이 책은 조금 다른 관점에서 출발한다. 수십 개 기업의 전략과 조직 문화를 분석하고 컨설팅해온 필자의 경험을 바탕으로, 넷플릭스가 어떻게 작동하고, 그 방식이 무엇 때문에 통했는지를 구조적으로 들여다볼 것이다. 겉으로 보이는 자유로운 문화 뒤에 어떤 설계와 의도가 숨어 있는지, 동시에 그것이 보편적으로 적용 가능한 모델인지에 대해서도 비판적 시선을 던진다.

이 책의 출발점은 창업자 리드 헤이스팅스와 당시 최고 인재 책임자Chief Talent Officer, CTO였던 패티 맥코드가 함께 한 땀 한 땀 작성한 100페이지 분량의 파워포인트 파일, 이른바 「넷플릭스 문화 메모Netflix Culture Memo」(이하 「문화 메모」)이다. 이 문서는 지금도 구글에서 "2009 Netflix Culture Memo Deck"라고 검색하면 누구나 열람할 수 있다.

이 메모에는 넷플릭스가 조직 운영에서 중요하게 여기는 원칙들이 구체적인 사례와 함께 정리되어 있다. 초고성과, 자유와 책임, 통제가 아닌 맥락 공유, 느슨한 짝짓기와 강한 연결, 최고의 몸값을 보장하는 보상 체계, 승진과 자율적 성장 등 핵심 문화 요소들이 집약된 문서다.

2009년에 처음 공개된 이후, 이 「문화 메모」는 넷플릭스의 성장과 함께 표현과 구조 면에서 수차례에 걸쳐 소폭의 조정과 진화를 거쳐왔다. 최근에는 공식 웹사이트나 외부 자료에서 다소 달라진 표현이나 강조점이 발견되기도 한다. 그러나 넷플릭스 내부에서 여전히 조직 운영의 근간으로 삼고 있는 '문화 철학'은 2009년 버전에 뿌리를 두고 있으며, 핵심 가치의 방향성도 크게 바뀌지 않았다.

이 문서는 흥미롭고 직관적인 구성 덕분에 마치 한 편의 흥미로운 브리핑을 읽는 듯한 몰입감을 준다. 하지만 이 메모나 관련 도서들 역시 넷플릭스 내부의 특정 시선에서 쓰였다. 대부분이 창업자나 임원 등 C레벨(CEO, CFO 등 Chief가 붙는 최고 임원진) 인사들이 자신의 철학과 성공 경험을 공유하는 형식이다. 그렇기에 실제 업무 현장에서 이 문화가 어떻게 해석되고, 실현되며, 또 때로는 왜곡되기도 하는지에 대한 설명은 상대적으로 간략하게 다루어진다. 갓 입사한 신입사원부터 10년 넘게 근무한 베테랑들 사이, 그리고 콘텐츠, 프로덕트, 마케팅, 전략, 재무, 인사 등 다양한 부서 간 협업에서 어떤 다이내믹스를 만들어내고 있는지는 파악하기 쉽지 않을 것이다.

이 책은 그 간극을 메우고자 한다.

필자는 싱가포르 넷플릭스 오피스에서 실무를 직접 경험했고, 한국·일본·대만 등 여러 지역에서 컨설턴트로 일하며 다양한 조직을 분석해왔다. 이 책에서는 그 경험과 인사이트를 바탕으로, 「문화 메모」의 핵심 내용을 따라가며 실제 조직에 어떻게 적용되었는지, 그리고 그 과정에서 어떤 한계가 있었는지를 구체적으로 살펴볼 것이다. 또한 이 문화를 그저 '대단하다'고 칭송하는 데 그치는 게 아니라 실제로 우리 회사에 적용할 수 있는 요소는 무엇이고, 반대로 조직에서 적용할 경우 무리가 따르거나 왜곡되기 쉬운 점은 무엇인지에 대해서도 현실적인 시선으로 짚어본다.

넷플릭스에서 일하며 배운 것들

나는 2019년에 입사한 후 2021년 말에 퇴사하기까지, 넷플릭스 아시아 마케팅 전략팀APAC Regional Marketing Strategy & Analysis Team의 일원으로 일했다. 당시 넷플릭스는 그야말로 '질주하는 야수'처럼 전 세계 확장을 가속화하고 있었다.

나는 한국·일본·대만·홍콩 시장의 성장 전략을 기획하며, 콘텐츠 프로듀서, 프로덕트 매니저, IT 엔지니어, 재무 전문가, 마케터들과 함께 각국의 시장을 해부했다. 핵심 목표는 단 하나였다. "구독자를 늘려라. 하지만 단순히 늘리지 말고, 사랑하게 하라."

이 과정은 단순한 수치 싸움이 아니었다. 현지인의 정서, 문화, 콘텐츠 소비 패턴을 끊임없이 이해하고 해석하며, 넷플릭스만의 색깔로 풀어내야 했다. 아시아라는 복잡하고 다층적인 문화권에서, 글로벌 본사의 철학을 지역 현실에 맞게 구현해내는 일은 만만치 않은 도전이었다. 한편으로는, 미국 본사에서 설계한 '원칙'과 '현장감' 사이의 미세한 긴장을 매일 마주하는 일이기도 했다.

누군가는 이렇게 말할지도 모른다. "그래 봤자 아시아의 작은 시장 몇 개 담당한 경험 아닌가요?"

맞다. 나는 창업자도 아니고, C레벨도 아니며, 세계 전략을 총괄한 사람도 아니다. 그러나 이 점이 오히려 내가 이 책을 쓸 수 있는 이유라고 생각한다. 기존 책들이 대부분 창업자나 고위 임원의 시선으로 쓰인 반면, 나는 팀 간 협업과 지역 실행 조직의 최전선에서 매일 실험하고 부딪히며 넷플릭스 문화를 체화했다. 높은 곳에서 설계한 이상이, 실제 업무 현장에서는 어떻게 구체화되고, 어디에서 충돌하며, 어떤 식으로 굴절되는지를 몸으로 경험했다.

게다가 나는 넷플릭스에 합류하기 전, 글로벌 경영 컨설팅 회사인 BCG에서 수년간 다양한 기업을 분석하고 지원한 경험이 있다. 그 덕분에 넷플릭스의 독특한 문화가 다른 기업의 현실과 어떻게 다른지, 또 의외로 어떤 부분은 닮아 있는지를 비교해볼 수 있는 나름의 기준이 있다.

넷플릭스를 '이상향'으로 묘사하는 데서 멈추지 않고 그것이 현실 기업에서 작동 가능한지, 만약 그렇다면 어떤 조건에서만 가능하며, 어디에서 실패할 수 있는지까지 짚어보고자 한다. 그런 점에서 이 책은 넷플릭스의 문화에 대한 단순한 찬사도, 막연한 모방도 아니다. 철저하게 관찰하고, 분석하고, 적용 가능성을 따져본 결과물이다.

물론 이 책에는 어떤 내부 기밀도 담겨 있지 않다. 나는 지금도 넷플릭스를 존중하며, 그곳의 구성원으로서 지켜야 할 윤리를 분명히 인식하고 있다.

이 책은 어디까지나 외부인의 시선으로 다시 마주한 넷플릭스, 즉 '일하는 방식의 실험실'에 대한 생생한 관찰 기록이자, 그 경험이 오늘 우리의 일터에 어떤 영감을 줄 수 있는지 함께 탐색하는 여정이다. 따라서 이 책은 경영 전략서이면서도 개인의 일기이고, 문화 분석서이면서도 깊은 성찰의 기록이다.

'넷플릭스처럼 일하고 싶다'는 수많은 사람들, 그중에서도 일의 방식을 근본부터 바꾸고자 하는 이들에게 이 책은 한 걸음 더 가까이 다가가는 데 필요한 실마리를 제공할 것이다.

넷플릭스는 뭐가 그렇게 다른가

나는 지금도 종종 그 시절을 떠올린다. 2019년, 싱가포르의 넷플릭스 오피스에서 직속 상사 앨빈 푸Alvin Foo가 나에게 자주 했던 말은 이것이었다.

"너의 글은 재미있어야 해. 아니면 아무도 읽지 않고 금세 잊힐 거야."

그 말은 내 마음속 깊이 새겨졌다.

그래서 이 책은 '배움'보다는 '재미'를 먼저 떠올렸다. 나는 독자에게 고상한 지식을 전달하기보다는, 넷플릭스에서 경험한 수많은 좌충우돌의 순간들을 통해 함께 웃고, 경탄하고, 때로는 고개를 끄덕이는 시간을 만들고 싶었다. 경험은 배움을 이끌고, 웃음은 그 배움을 오래 남게 만든다. 하지만 재미없는 책은 금세 '라면 받침'이 된다. 나도 그 사실을 잘 알고 있다.

BCG를 떠나 넷플릭스에 합류한 2019년 이후, 퇴사한 지금까지도 내가 가장 많이 들어본 질문은 여전히 하나다.

"그런데 진짜 그게 가능했어요?"

이 책은 바로 그 질문에 대한 대답이다.

직장인에게는 선진 기업의 일하는 방식을, 경영자에게는 조직 문화를 디자인하는 인사이트를, 스타트업 리더에게는 유연한 고성과 모델을, 취업 준비생에게는 구체적인 기준점을 전하고자 한다.

이 책은 넷플릭스를 동경하는 사람만을 위한 것이 아니다. 변화가 필요한 조직에 속한 사람, 일의 의미를 다시 찾고 싶은 사람, 그리고 무엇보다 일터에서 인간다움을 지키고 싶은 사람들을 위한 책이다. "정말 그게 가능할까?"라는 질문을 던졌던 당신에게 보내는 대답이다. 넷플릭스는 과연 뭐가 그렇게 다른지에 대한 내 나름의 답변이다.

끝으로, 나에게 세계 최고의 기업에서 행복한 시절을 보낼 수 있게 해준, 세상에서 가장 존경하는 기업가이자 꿈꾸는 소년 리드 헤이스팅스와 나의 벗 넷플릭스 아시아 시장 전략팀Netflix APAC MSP&A team 식구들, 그리고 존경하는 넷플릭스 동료들에게 이 책을 바친다.

NETFLIX

1부

넷플릭스를 세계 정상으로 이끈 9가지 원동력

INSIDE

1장
세상에서 가장 비싼 의사결정

직장인이든 학생이든, 아니면 단 한 번이라도 조직이라는 곳에 몸담아본 사람이라면 '가치'라는 단어를 한두 번쯤 들어봤을 것이다. 신입사원 오리엔테이션, 기업 홈페이지, 연례 워크숍, 신입생 환영회……. 어딜 가도 비슷한 문구들이 기다린다.

"신뢰, 혁신, 고객 중심, 최고를 지향합니다. 우리는 정직하고 열린 소통을 통해 함께 성장합니다."

하지만 곰곰이 생각해보자. 지금 몸담고 있는 조직의 핵심 가치를 5가지 이상 정확히 말할 수 있는 사람이 몇이나 될까? 절반이라도 떠올릴 수 있다면, 괜찮은 축에 속한다. 대부분의 조직에서 '가치'란 입사 초반, 마치 의식처럼 잠시 강조되다가 어느새 벽에 붙은 포스터나 명함 뒤편 문구만 남는다. 명목상으론 존재하지만, 실제로는 누구도 그 가치에 따라 움직이지 않는 구조, 그것이 우리가 흔히 마주하는 현실이다.

하지만 넷플릭스는 다르다.

이 회사의 가치는 슬로건이 아니라 설계도에 가깝다. 그리고 그 설계도는 조직을 움직이는 실제 동력으로 매일 작동한다. 넷플릭스는 단순히 핵심 가치를 외우게 하지 않는다. 그 가치를 기준으로 채용하고, 협업하고, 평가하고, 작별한다. 가치는 이곳에서 살아 숨 쉰다. 넷플릭스에는 총 9가지 핵심 가치가 존재한다. 이 9가지는 매뉴얼에 적힌 '예쁜 말'이 아니다. 정교한 체계 안에서 서로 얽혀 작동하며, 넷플릭스라는 조직의 방향을 밀어붙이는 원칙이자 현실이다.

퇴사한 지 3년이 지난 지금도 나는 그 가치들이 어떤 방식으로 일상에 녹아 있었는지를 또렷이 기억한다. 특정 부서나 일부 관리자만이 그것을 말하는 게 아니다. 회사 전체가, 부서와 직급을 가리지 않고 그 가치를 실시간으로 실천하고 감시하는 구조였다. 가치를 지키지 못하는 순간에는 누구라도 피드백을 받는다.

때로는 그 피드백이 이별 통보로 이어지기도 한다. 회사의 성장 속도에 뒤처지거나, 문화에 어긋난 판단을 한 사람에게 두 번의 기회는 주어지지 않는다. 이처럼 가치 중심의 피드백 시스템 덕분에 넷플릭스는 조직이 커져도 비대해지거나 관료화되지 않았고, 창업 초기의 문제의식과 스타트업 감각을 놀라울 만큼 날카롭게 유지할 수 있었다.

이제부터 소개할 9가지 핵심 가치는 단순한 지침서 속 추상적인 문구가 아니다. 넷플릭스의 실제 구성원으로서 내가 직접 겪고 체감한 사례들을 바탕으로, 이 가치들이 현장에서 어떻게 작동했는지를 이야기하려 한다. 이를 통해 여러분도 이 가치들이 자신의 조직이나 일상에 어떻게 접목될 수 있을지 함께 고민해보길 바란다.

9가지 가치를 모두 읽고 난 뒤, 다시 이 페이지로 돌아와보라. 넷플릭스가 추구하는 각 핵심 가치는 독립적으로 존재하는 것이 아니라 서로 긴밀하게 맞물려 작동하는 정교한 구조를 이룬다. 한 가지 가치만 따로 떼어서는 전체 문화를 온전히 이해하기 어렵다. 모든 덕목을 읽고 나서야 비로소, 이 가치들이 어떻게 서로를 보완하고 강화하며, 결국에는 넷플릭스라는 유기체를 살아 움직이게 만드는지 실감하게 될 것이다.

1 판단력
데이터가 침묵할 때 필요한 힘

「넷플릭스 문화 메모」에서 가장 먼저 등장하는 핵심 가치는 '판단력Judgement'이다. 넷플릭스라는 조직이 얼마나 개인의 사고와 직관, 판단에 의존하는지를 단적으로 보여준다. 넷플릭스는 판단력을 이렇게 정의한다.

판단력
- 모호한 상황에서도 사람, 기술, 사업, 크리에이티브 측면에서 최선의 결정을 내린다
- 표면이 아니라 본질을 꿰뚫어 근본적인 원인을 규명한다
- 전략적 사고를 바탕으로 할 것과 하지 않을 것을 명확히 구분한다
- 지금 당장 해야 할 일과 나중에 해도 될 일을 현명하게 판단해야 한다

출처: 2009 Netflix Culture Memo Deck

문장 하나하나는 단순해 보이지만, 막상 현장에서 이 원칙을 적용하려고 하면 머리가 복잡해진다. 특히, 다수의 기업이 언제나 직면하듯 정답이 없는 상황, 불확실한 데이터, 이해관계가 얽힌 의사결정 속에서 이 기준을 유지한다는 것은 결코 쉬운 일이 아니다. 몇 가지 예를 들어보겠다.

확실한 판단을 위한 데이터는 결코 충분하지 않다

넷플릭스에 재직 중 나는 한국의 통신 시장을 분석하는 프로젝트를 맡은 적이 있었다.

주제는 단순했다. "한국에서 브로드밴드 인터넷과 IPTV 사용은 언제쯤 본격적으로 줄어들고, 5G 기반의 모바일 OTT로 전환될 것인가?"

한국은 세계에서 가장 빠르게 초고속 인터넷이 보급된 나라이다. 1990년대 말부터 이미 전국 단위로 광랜 인프라가 깔렸고, 통신 3사는 치열한 가격 경쟁을 거듭한 끝에, 미국보다 훨씬 저렴한 요금제로 유선 인터넷과 TV 서비스를 결합해 제공하고 있었다. 즉, 해지할 이유가 마땅치 않은 구조였다.

이와 관련한 리서치 결과를 정리해 보고하던 중, 미국 본사 부사장에게서 이런 반응이 돌아왔다.

"헤이, 보경. 우리 예상과 너무 다른데?"

한국에 거주한 경험이 없던 그는 한국 시장의 특수성을 데이터만으로 파악하는 데 한계를 느끼고 있었다.

실제로 많은 다국적 기업에서 이런 일이 자주 벌어진다. 데이터는 넘치지만, 맥락과 감각은 부족하다. 기업들은 이럴 때 리서치 플랫폼(Statista, Euromonitor)*을 뒤지고, 수십 개의 보고서를 교차 검토한다. 모호한 상황에서 중요한 의사결정을 해야 할 때 명확한 데이터 검증을 요구하는 것이다.

하지만 아무리 많은 숫자를 가져와도, 미래를 정확히 예측하는 것은 불가능에 가깝다. 결국 보고서만 늘어나고, 의사결정은 미루어진다. 책임은 분산되고, 결과적으로는 무난한 선택 혹은 아무것도 하지 않는 선택으로 귀결된다.

넷플릭스는 의사결정 방식을 다르게 설계한다. 데이터를 참고하되, 그것에 끌려가지 않는다. 궁극적인 의사결정의 기준은 이렇게 표현된다.

"Based on our judgement(담당자의 판단에 기반함)."

이 문장은 넷플릭스 내부 보고서에서 무척 흔하게 등장한다. 보고를 위한 보고는 없다. 실무자의 통찰과 감각, 책임의식을 '데이터만큼' 중요한 자산으로 인정한다. 그리고 그 위에 의사결정의 전권을 위임한다.

실제로 나도 이런 경험을 했다. 넷플릭스에서 진행했던 어떤 프로젝트에서였다. 일반적인 기업이라면 보고서가 최소 수십 페이지는 나와야 할 내용이었지만, 넷플릭스는 내 판단을 믿고 대부분의 보고 절차를 과감히 건너뛰었다.

"보경, 네가 그렇다고 판단했다면 그렇게 가자."

----

*전 세계 산업·시장·소비자 동향에 대한 데이터를 제공하는 대표적인 리서치 플랫폼. Statista는 시각화된 통계와 지표 중심의 정보를, Euromonitor는 더욱 심층적인 시장 분석과 산업 리포트를 강점으로 한다―편집주.

이런 말을 실제로 듣는 순간, 책임감은 배가 되었고, 동시에 불필요한 업무는 눈에 띄게 줄었다.

넷플릭스는 '일을 위한 일'을 조직에서 최대한 없애고, 업무에 꼭 필요하지 않은 보고서나 절차는 과감히 줄인다. 그 대신 업계 최고 수준의 인재가 내리는 '판단'을 전제로 삼고, 그 판단이 더 빠르게, 더 멀리 나아갈 수 있도록 모든 장벽을 걷어낸다. 그것이 넷플릭스의 방식이다.

이러한 방식의 근간에는 '인폼드 캡틴Informed Captain'이라는 독특한 제도가 있다.

넷플릭스에서는 전통적인 임원-팀장-팀원이라는 구조 대신, 프로젝트 단위로 전권을 부여받은 '캡틴'이 존재한다. 캡틴은 꼭 부서장이거나 시니어일 필요는 없다. 경력이 3~4년밖에 되지 않은 주니어 직원이 프로젝트를 맡기도 하고, 부사장급 인물이 될 수도 있다. 관건은 '직급'이 아니라 '역할'과 '신뢰'다.

일단 프로젝트 캡틴으로 지정되면, 그 사람은 최종 결정권과 책임을 모두 진다. 직속 상관이라 하더라도 그 판단을 뒤집을 수 없다. 다만, 주변의 피드백은 받을 수 있고, 조언은 함께 나눈다. 결국 판단은 캡틴의 몫이고, 결과도 그의 책임이다.

이 구조는 넷플릭스의 모든 영역에 적용된다. 콘텐츠 투자, 인사 정책, 신기술 도입, 마케팅 캠페인, 외부 파트너 협업 등

크고 작은 결정들이 빠르게 내려지고, 유연하게 실행될 수 있는 이유가 바로 여기에 있다.

넷플릭스는 판단의 기회를 사람에게 주고, 판단의 결과에 대한 책임도 사람에게 맡긴다. 이 단순하지만 단단한 원칙이 조직의 '속도'와 '밀도'를 동시에 가능케 한다.

모두가 책임진다고 할 때 아무도 책임지지 않는다

아시아 시장 진출 초기, 넷플릭스는 뜻밖의 난관에 부딪혔다. 유치한 고객이 두 달 안에 빠져나가는 현상이 반복되었다. 고객은 들어오자마자 떠났다. 막대한 마케팅 비용을 쏟아부었지만 정착률은 바닥이었던 것이다.

일반 기업이라면 어떻게 대응했을까? 보통은 '총력전'을 펼친다. 취소 버튼 색깔을 눈에 띄지 않게 회색으로 바꾸고, 해지 절차를 일부러 복잡하게 만든다. 무료 쿠폰을 더 얹어주며 고객을 붙잡으려 한다. 효과가 있는 방안을 찾을 때까지 가능한 모든 시도를 동시다발적으로 쏟아붓는다. 이른바 '토털 사커 Total Soccer' 방식이다.

하지만 넷플릭스는 달랐다.
기술을 늘어놓기보다 문제의 뿌리를 먼저 찾았다.

"무엇이 핵심 원인Root Cause인가"를 집요하게 물었다. 모호한 가설은 철저히 배제되었다.

그렇게 해서 나온 통찰은 이렇다.

"아시아 고객은 콘텐츠가 마음에 들지 않으면 바로 해지한다. 그것이 전부다."

단순했지만 이 한 줄로 해결을 위한 방향을 정할 수 있었다.

콘텐츠팀은 '현지 정서'를 반영한 작품을 확보했고, 마케팅팀은 지역 감성에 맞는 언어와 메시지를 개발했다. 프로덕트팀은 사용 패턴에 맞춰 UX를 재설계했고, 사업개발팀은 지역별 타깃 파트너십을 맺었다. 해지 절차나 버튼 색깔 변경 같은 '꼼수'는 모두 후순위로 밀려났다.

이 전략은 훗날 'Local First'라는 이름으로 구체화되며, 할리우드식 찍어내기 해외 진출 전략을 시도하던 글로벌 경쟁사들을 압도하는 기반이 되었다.

하지만 모든 기업이 이 방식을 그대로 적용할 수 있는 것은 아니다. 대부분은 넷플릭스식 실행에서 두 가지 근본적인 한계에 부딪히게 된다.

첫째, '인폼드 캡틴'이 없다.

중요한 사안이 터지면, 한 명에게 권한을 몰아주기보다는 여러 부서가 모인다. 책임은 분산되고, 논의는 반복된다. 결국 실질적 문제 해결보다는 '합의'가 우선시된다.

둘째, '질'보다 '양'을 택한다.

한두 가지 핵심 이슈를 제시하면, "이게 전부인가?"라는 반응이 돌아온다. 자료는 많을수록 좋아 보이고, 분량이 성실함을 증명해주는 듯하다. 결과물은 '판단'이 아니라 '방어'를 위해 만들어진다.

하지만 넷플릭스에서는 이런 방식이 통하지 않는다. 100장이 아니라 단 2장으로 명확한 핵심을 담아내는 것이 훌륭한 보고서다. 결국 판단을 회피하는 문화는 실행력을 떨어뜨리고, 모두가 조금씩 책임지는 시스템은 아무도 실제로 책임지지 않는 구조로 이어진다.

넷플릭스는 다르다.
선택과 집중, 그리고 신뢰.
초고성과자의 판단에 집중하고, 조직은 한 방향으로 움직인다. 조직의 에너지가 지금 여러 문제로 분산되고 있다면, 핵심 한두 개에 매달리지 못하고 있다면, 그 조직은 넷플릭스가 말하는 고성과 문화와는 거리가 멀어지고 있는 것이다.

넷플릭스 웨이

불확실성을 뚫고 나오는 판단력의 비밀

모든 회사가 넷플릭스처럼 할 수 있을까?

쉽지 않다. 이유는 단순하다.

첫째, 사람이 다르다.

넷플릭스는 업계 최고만 뽑는다. 그만큼 정확한 판단을 내릴 확률이 높다. 하지만 대부분의 회사는 그렇지 않다. 특히 동아시아 기업들은 연차 위주 채용이나 대규모 공채 중심으로 인재를 선발한다. '판단력'보다는 '충성심'이 우선시되는 구조다. 준비되지 않은 사람이 내리는 자율적 판단은 오히려 조직에 리스크가 된다.

둘째, 구조가 다르다.

복잡한 보고 체계는 자율을 허용하지 않는다. 책임이 분산되고, 눈치가 작동한다. 상사의 결재 없이 과감하게 결정을 내리는 일은, 조직 내에서 용기보다는 무모함으로 여겨지기 쉽다.

셋째, 고용 방식이 다르다.

넷플릭스는 구성원이 스스로 판단하게 하고, 결과에 따라 담담하게 이별한다. 두세 번의 실패면 충분히 판단할 수 있다. 하지만 대부분의 기업은 그렇게 하지 못한다. 책임을 물을 수 있는 고용 유연성이 없기 때문이다. 그래서 판단보다는 회피가 늘어난다.

넷플릭스에서는 이 3가지가 모두 가능했다. 사람을 신중히 뽑고, 구조는 단순하게 만들며, 고용은 유연하게 운용한다. '판단력'이라는 가치는 이 단단한 기반 위에서 작동한다. 여기서 중요한 점은, 넷플릭스의 유연한 고용 시스템이 단지 인사 정책이나 제도의 차원에 머무르지 않는다는 것이다. 이 시스템은 채용과 해고의 문제를 넘어, 조직 전체의 문화와 일하는 방식, 구성원 간의 신뢰와 책임 구조에까지 깊숙이 연결되어 있다. 즉, 넷플릭스식 문화가 가능하기 위해서는 이 유연한 고용 구조가 전제되어야 하며, 이는 곧 회사의 철학과 운영 원칙을 실질적으로 뒷받침하는 핵심 기반이 된다.

이 책 전반에 걸쳐 반복해서 등장할 이 장치는, 넷플릭스 문화 전체를 떠받치는 핵심 인프라다. 선순환은 여기서부터 시작된다.

넷플릭스처럼 까다로운 인재 선발과 유연한 고용 시스템을 갖추기 어려운 기업이라도, 정보가 부족하거나 넘쳐나는 상황에서 판단력의 품질을 높일 방법은 분명히 있다. 가령 다음과 같다.

첫째, 단순히 보고만을 위한 자료를 수집하거나 숫자를 나열하는 데 그치지 않고 리더가 명확한 방향성을 제시해야 한다.

넷플릭스에서는 이해관계가 충돌하고 의견이 엇갈릴 때마다 판단의 출발점이 하나로 수렴된다. "지금 우리가 가장 중요하게 고려해야 할 것은 무엇인가? What's best for Netflix? What's best for our company?" 이 질문이 모든 판단의 기준이 된다.

리더가 불필요한 보고 문화를 걷어내고, 조직이 나아가야 할 방향과 중심을 분명히 제시할 때, 구성원들의 판단은 더욱 명확해지고, 각자의 결정에도 자연스럽게 힘이 실린다. 가령 앞서 한국 시장의 브로드밴드 해지율을 분석하는 과정에서, 리더는 이렇게 말할 수 있어야 한다. "한국은 다른 나라보다 가격이 훨씬 저렴하고, 케이블TV까지 패키지로 묶어서 제공하잖아. 그럼 답은 나왔지. 의미 없는 데이터 뒤지지 말고, 지금 우리가 집중해야 할 본질에만 에너지를 써."

둘째, 활자화된 데이터만이 아니라 현장에 축적된 경험을 적극적으로 수렴해야 한다.

수십 년간 현장을 지켜온 베테랑의 직관과 감각은, 때로는 수치보다 더 정확하다. 직급이나 직위와 무관하게 실무 최전선에 있는 사람들의 목소리를 존중하고 의사결정 과정에 반영할 때, 조직의 판단력은 본질적으로 달라질 수 있다.

이 2가지 원칙은 얼핏 단순해 보일 수 있다. 그러나 실제로는 혼란스럽고 불확실한 경영 환경 속에서도 조직이 판단의 중심을 잃지 않도록 지탱해주는 핵심 토대다.

하나는 명확한 방향성, 다른 하나는 현장의 감각을 존중하는 태도다. 이 둘이 맞물릴 때, 정보가 부족하거나 넘쳐흘러도 조직은 중요한 결정을 흔들림 없이 내릴 수 있다.

넷플릭스처럼 채용, 평가, 권한 부여 등 시스템 전반을 통째로 바꾸는 일은 쉽지 않다. 대부분의 조직은 기존 구조나 관행의 틀 안에서 움직여야 한다. 그러나 시스템을 전면 혁신하지 않더라도, 이 두 가지—'무엇이 최선인가'라는 질문을 던지는 리더십, 그리고 현장에서 체화된 감각을 조직의 사고에 반영하려는 개방성—를 실천하는 것만으로도, 의사결정의 질은 현저하게 달라질 수 있다.

이는 곧 조직 전체의 집단적 판단력의 수준을 끌어올리는 일이며, 단기 성과를 넘어 조직 문화의 축을 서서히 바꿔나가는 출발점이기도 하다. '정확한 방향성과 생생한 현장 감각'이 결합된 판단은, 어떤 보고서나 수치보다 강력한 인사이트를 제공하며, 위기 상황일수록 더욱 빛난다.

2 커뮤니케이션
30분이면 충분하다

넷플릭스가 꼽은 두 번째 핵심 가치는 커뮤니케이션이다. '잘 듣고, 잘 말하는 것'이야말로 모든 협업의 출발점이라는 판단이다.

이 항목에서 「문화 메모」는 4가지를 강조한다.

> **커뮤니케이션**
> - 빠르게 반응하기보다 먼저 잘 듣고 제대로 이해하라
> - 말과 글은 간결하고 명확하게 한다
> - 상대의 지위나 의견 차이에 상관없이 항상 존중으로 대한다
> - 스트레스 상황에서도 침착함을 유지한다
>
> 출처: 2009 Netflix Culture Memo Deck

겉보기엔 익숙하고 평범한 원칙처럼 보인다. 어느 조직에서든 이런 말은 있으니까.

하지만 넷플릭스는 이 원칙을 추상적 구호로만 남겨두지 않는다.

실행 방식이 다르다.

방식이 다르니, 결과도 다르다.

'101 미팅' – 넷플릭스의 결정 공식

넷플릭스에는 '101 미팅'이라는 고유의 커뮤니케이션 방식이 있다. 101(One-on-One, 혹은 One-O-One)이라고 불리는 이 회의는 말 그대로 한두 사람이 모여 진행하는 짧고 밀도 있는 30분 미팅이다.

이 회의에는 몇 가지 분명한 규칙이 있다.

- 안부 인사나 아이스브레이킹은 생략한다.
- 모두가 참가하는 대형 회의는 지양한다.
- 오직 논의가 필요한 사람만, 가장 적은 인원으로 모인다.
- 의제는 많아야 두 개, 논점은 명확히 정리된 상태로 공유한다.
- 회의는 정시에 시작해 정확히 30분 안에 마무리된다.

미팅의 목적은 명확하다. 말 잘하는 사람이 이기는 것이 아니라 본질을 정확하게 짚는 사람이 의사결정에 기여한다. 이때, 듣는 태도가 핵심 경쟁력으로 작동한다.

2020년, 「오징어 게임」이 세상에 공개되기 약 1년 전이었다. 나는 이 전설적인 작품의 글로벌 전략에 대해 콘텐츠팀의 프로듀서와 101 미팅을 가졌다. 그때만 해도 '이게 되겠어?'라는 분위기가 다수였다. 피 튀기는 서바이벌 장르, 낯선 세계관, 전통적인 로맨스나 가족 드라마와는 전혀 다른 문법. 내부에서조차도 회의적인 시선이 많았다.

나 역시 그랬다. 그래서 나의 입장은 명확했다. 비슷한 장르가 거둔 데이터를 기반으로, 위험 요소를 진단하고 전략을 조정하고자 했다.

반면 콘텐츠 프로듀서는 '이건 될 수밖에 없다'는 확신에 찬 눈빛이었다. 그는 한국보다 오히려 해외 시청자들에게 더 강하게 통할 수 있다고 말했고, 그 논리는 작품의 미학적 구성과 캐릭터의 서사, 긴장감 있는 전개에 기반한 것이었다.

우리는 같은 목표를 향해, 다른 시선에서 접근했다.

하지만 중요한 것은 감정이 아니라 논리였다. 서로의 관점을 공격하기보다 집중력 있게 질문하고 설명하며 교차 검증을 이어갔다. 결국 30분 만에 우리는 서로의 관점이 어떻게 조화를 이룰 수 있는지를 확인했고, 그 미팅 이후의 전략적 결정은 빠르게 실행으로 옮겨졌다.

우리는 서로 다른 관점을 가지고 있었지만, 감정적인 반응 없이 상대의 입장을 존중하며, 핵심 쟁점을 중심으로 밀도 높은 토론을 이어갔다. 30분 동안 스토리, 등장인물, 프로덕션, 타깃 고객군 등 여러 가지 주요 이슈를 집중적으로 다루었고, 빠르게 논의의 접점을 찾아갔다. 미팅은 정확히 30분 만에 종료되었고, 이후의 프로젝트 진행에도 긍정적인 영향을 미쳤다.

이처럼 넷플릭스의 101 미팅은 단순한 회의가 아니다. 짧고 명확한 커뮤니케이션, 경청과 상호 존중의 원칙이 실질적으로 작동하는 장이다. 이 자리에서 지위는 면죄부가 되지 않는다. 논리 없이 흐트러진 의견이나 일방적 발언은 철저히 배제되며, 말의 강약보다 구조와 논리가 우선한다.

30분이라는 제한된 시간 안에 효과적인 논의를 이끌어내기 위해서는 철저한 사전 준비가 필수다. 회의의 목적을 분명히 설정하고, 필요한 데이터와 참고 자료를 사전에 정리하며, 논의가 필요한 핵심 포인트를 명확히 정리해두어야 한다. 이러한 준비 없이 회의에 임하면 '상대의 시간을 낭비했다'는 피드백을 받게 되며, 이후의 협업 과정에서도 신뢰를 잃을 수 있다. 경우에 따라서는, 조직의 핵심 가치에서 벗어났다는 이유로 권고사직의 사유가 되기도 한다.

결국 101 미팅은 단순한 회의 포맷이 아니라 넷플릭스의 조직 문화 그 자체다. 자율성과 효율성을 동시에 추구하는 넷플릭스의 방식은, 준비된 30분이 얼마나 명확한 결정과 빠른 실행으로 이어질 수 있는지를 분명하게 보여준다.

넷플릭스 웨이

본질에 집중하는 토론: 3P 프레임

앞서 살펴본 '판단력'과 달리, '넷플릭스식 미팅 방식'은 일반 기업에서도 점진적으로 도입해볼 수 있는 영역이다. 나는 이를 적용할 수 있는 실용적인 프레임으로 '3P 방식'을 제안한다.

- Purpose: 명확한 목적과 예상 결과물 정의
- Preparation: 30분 101 미팅 사전 준비
- Point Discussion: 2~3개의 핵심 포인트에 집중한 회의 진행

Purpose: 시작 전에 끝을 상상하라

정기적인 주간·월간 미팅은 반드시 필요한 경우에만 유지하고, 목적이 불분명한 회의는 과감히 없애는 것이 좋다. 회의를 잡기 전, 목적과 기대 결과물을 간결한 키워드로 명확히 정리한 뒤 캘린더에 공유한다.

예를 들어 '3분기 운영계획 논의'보다는 '3분기 마케팅 예산 배분 및 담당자 확정'처럼 결과 중심으로 적시하는 것이 이상적이다. 이 과정은 '판단력'과도 직결된다. 애초에 판단력이 부족한 사람은 회의 목적조차

명확히 설정하지 못하는 경우가 많다. 목적을 정의하지 못하면 회의는 자연스럽게 산만해지고, 논의는 주제를 벗어나며, 결정은 흐려진다. 결국 이는 조직의 실행력 저하로 이어진다.

Preparation: 준비 없는 회의는 실례다

회의 전까지 다음 3가지를 반드시 준비한다.

- 관련 데이터 확보
- 논의 포인트별 대안 2~3개와 각각의 장단점
- 본인의 선호안과 그 이유

여기에 추가로 상대방의 입장과 맥락을 미리 파악해 예상 질문, 반론, 우려를 시나리오별로 정리한다. 이 단계에서 충분한 준비가 되지 않았다고 판단한다면, 미팅을 연기한다. 넷플릭스에서는 준비 없이 30분을 쓰는 것이 '상대의 시간을 낭비했다'는 평가로 곧장 이어진다.

Point Discussion: 말은 짧고, 요지는 깊게

미팅이 시작되면 목적과 기대 결과를 재확인한다.

키워드를 화이트보드나 화면에 띄우고, 중심 쟁점을 한두 개로 압축해 집중 논의한다. 논의 중간에도 흐름이 산으로 가지 않도록 논점 이탈 여부를 실시간으로 점검한다.

회의가 20분쯤 진행되면 다음을 반드시 자문한다.

- 논의가 처음 설정한 목적에서 벗어나지 않았는가?
- 오늘 이 30분이 어떤 실행으로 이어질 것인가?

회의가 끝나면, 다음 3가지를 이메일로 공유하며 마무리한다.

- 논의된 키워드와 결과 정리
- 후속 조치 명시
- 타임라인 설정

3 임팩트
KPI 대신 임팩트를 선택한 이유

넷플릭스의 「문화 메모」에서 강조하는 9가지 핵심 가치 중 세 번째는 '임팩트'다.

이 덕목에 대해 넷플릭스는 다음 4가지로 정의한다.

임팩트

- 엄청난 양의 핵심 업무를 해낸다
- 일관된 성과로 동료가 당신을 믿고 의지하게 한다
- 절차보다 결과에 집중한다
- 분석만 하다 종치지 말고 행동으로 답한다

출처: 2009 Netflix Culture Memo Deck

겉보기에는 낯설지 않은 조언들이다. 하지만 넷플릭스에서 말하는 '임팩트'는 단순히 '오늘 할 일'을 마무리하는 수준과는 거리가 멀다. 그들이 말하는 임팩트란, 회사 전체의 비즈니스와 성장에 실질적으로 기여하는 것을 말한다.

"내가 오늘 하는 일이 조직의 전략과 연결되어 있는가?"
"이 일이 고객, 시장 혹은 브랜드에 실제로 변화를 가져오고 있는가?"

이 질문에 '그렇다'고 답할 수 있어야 임팩트 중심으로 일하는 것이다. 그리고 진짜 임팩트는 반드시 '그다음'을 동반한다.

지금의 실행이 어떤 가치를 만들어냈는지, 그리고 'So What?', 즉 그다음 단계는 무엇인지까지 제안할 수 있어야 한다. 숫자와 분석으로만 끝내지 않고 그 결과를 기반으로 다음 실행 방향과 구체적 액션 플랜까지 제안하는 것이 넷플릭스식 업무 방식이다. 결국 임팩트란, 단순히 일을 '잘하는 것'에 그치지 않는다. 왜 이 일을 하는지와 무엇을 변화시키려 하는지를 분명히 정의하고, 그 변화를 실제 실행으로 이어가 완결 짓는 것, 그것이 바로 진짜 성과다.

업무 절차 개선이 아닌 탁월한 결과

넷플릭스가 중시하는 일의 방식 중 하나는 '절차'보다 '결과'에 집중하는 문화다. 이번에는 이 가치가 실제 현장에서 어떻게 구현되는지를 보여주는 사례를 공유하겠다.

2021년, 아시아 시장에서 넷플릭스가 폭발적인 성장세를 보이던 시기, 본사 차원의 대형 프로젝트가 시작되었다.

목표는 하나였다. 인터넷상에 떠도는 콘텐츠 관련 정보의 정확성을 높이기 위해, 주요 검색엔진 사업자들과 실시간 데이터를 연동하는 신규 시스템을 구축하는 것이었다.

하지만 이 프로젝트는 단순한 기술 연동이 아니었다. 고객 데이터, 콘텐츠 메타데이터, 사용자 인터페이스, 보안…… 수많은 민감 정보와 시스템이 얽히고설킨 구조였다. IT 인프라 개발부터 법률 검토까지, 수많은 이해관계자와 팀이 동시에 움직여야만 하는 고난도 과제였다.

당시 나는 한국 최대의 인터넷 서비스 기업과의 공동 서비스 런칭 책임자로 미국 로스가토스Los Gatos의 엔지니어, 국내 콘텐츠 공급자, 그리고 파트너사와의 복잡한 협상을 조율하는 역할을 맡았다. 하루가 멀다 하고 난항이 이어졌고, 이 프로젝트는 '갑 대 갑'의 진검승부 그 자체였다.

그때 나는 한 인물을 만났다.

이번 '임팩트' 덕목을 가장 인상 깊게 보여주는 사람이었다. 넷플릭스 한국 사무소의 법무 담당자 K 변호사. 겉보기에는 계약서의 문구 하나하나를 따지고 드는 전형적인 사내 변호사처럼 이 프로젝트를 대할 수도 있었다.

그러나 그녀는 달랐다.

대부분의 기업에서 법무 부서는 리스크 방지에 초점을 맞추고, 정해진 절차와 정책에 따라 움직인다. 결과보다 과정, 실행보다 준수를 우선한다.

하지만 K 변호사는 완전히 달랐다. 법률적 타당성이라는 틀 안에 갇히지 않았다. 그녀는 프로젝트의 출발점이 '고객에게 실질적인 효용을 줄 수 있는가'였음을 정확히 이해했고, 법의 테두리 안에서 사업의 임팩트를 극대화하는 전략을 끊임없이 고민했다.

예컨대, 파트너사가 넷플릭스 콘텐츠의 노출 순서를 뒤로 미루겠다는 입장을 내놨을 때, 그녀는 전혀 다른 계약 항목을 딜브레이커deal-breaker로 삼아 역으로 협상 구도를 뒤집었다. 그 결과, 콘텐츠의 노출과 접근성을 확실히 확보했고, 사용자 경험 속에 넷플릭스 콘텐츠를 자연스럽고도 효과적으로 녹여낼 수 있었다.

단순히 법적 검토에 그친 것이 아니라 협상의 틀 자체를 설계하고 전략적으로 리드한 것이다.

이 프로젝트는 1년 가까이 이어졌고, 최종 런칭되어 결국 성공적으로 마무리되었다. 성공의 핵심 요인은 단 하나였다.

K 변호사는 '업무 절차'가 아니라 '임팩트'를 중심에 두고 움직였다는 점이다.

돌이켜보면, 그녀가 아니었다면 이 프로젝트는 무산되었을지도 모른다. 리스크와 절차에만 매몰되었다면, 수많은 '타당한 이유' 속에서 정작 중요한 목표는 실현되지 못했을 것이다.

넷플릭스의 이런 업무 방식은 임팩트를 수치로 계산하기 쉬운 콘텐츠나 마케팅 분야에만 국한되지 않는다.

법무, 회계, 재무처럼 절차가 확고히 잡혀 있고 그렇게 가야 안심이 되는 분야에서도 구성원들은 항상 스스로에게 묻는다. "이 일이 실제로 만들어낼 변화는 무엇인가?"

이 글을 읽고 있는 당신도, 지금 자신이 하고 있는 일이 '일을 위한 일'인지, 아니면 조직과 고객에게 '진짜 변화를 만들어내는 일'인지 점검해보길 권한다.

만약 자신 있게 답할 수 없다면, 이 질문 하나만 반복해보자. "이번 프로젝트가 꼭 만들어내야 할 임팩트는 무엇일까?"

넷플릭스 웨이

숫자 너머, 진짜 임팩트를 본다

'임팩트 중심'이라는 업무 방식은 언뜻 보면 누구에게나 통할 법한 원칙처럼 보인다. 하지만 실제로 이를 기존 조직에 적용하려면, 2가지 현실적인 벽과 마주하게 된다.

첫 번째는 성과지표(KPI, Key Performance Indicator)와 임팩트의 불일치다. 두 번째는 임팩트의 정량화가 어렵다는 점이다.

1. 임팩트와 KPI의 불일치

앞서 이야기했던 사례를 떠올려보자. 일반 기업의 법무팀이나 회계팀에 설정된 KPI는 대부분 '리스크 최소화', '오류 없는 보고', '감사 대응' 같은 보수적이고 절차 중심적인 항목들이다. KPI는 조직이나 개인의 목표 달성 정도를 측정하기 위해 설정하는 핵심 성과지표인데, 대체로 숫자로 환산 가능한 활동에 집중된다. 이런 구조에서는 고객 경험을 개선하거나 파트너와의 협업을 통해 새로운 가치를 창출하는 일이 연말 평가에 반영되지 않는다. 오히려 그런 시도는 '불필요한 모험'으로 여겨져 구성원들이 소극적으로 움직일 수밖에 없다.

이처럼 KPI가 보수적인 프레임에 고정되어 있는 한, 조직은 실질적인 임팩트를 내기보다 그저 시스템이 무리 없이 돌아가도록 유지하는 데 머물 수밖에 없다.

2. 임팩트의 정량화 어려움

임팩트는 대부분 장기적이고 다면적인 성격을 띤다. 고객이 브랜드를 더 신뢰하게 되거나, 불편함 없이 콘텐츠를 이용할 수 있는 구조를 만드는 일처럼 말이다.

하지만 이런 성과는 쉽게 수치화되지 않는다. 예컨대, 사내 변호사가 고객 접점을 고려해 계약 구조를 유연하게 설계했다고 해도, 그 결과는 '브랜드 이미지 개선' 혹은 '고객 이탈률 감소'라는 간접지표로 나타날 뿐이다. 게다가 협업을 통해 만들어낸 시너지는 어느 한 사람의 공으로 귀속되기 어려워 아예 평가 기순에서 빠져버리는 경우도 히다하다.

그 결과, 조직은 수치로 드러나는 일에만 집중하고, 눈에 잘 보이지 않는 '진짜 가치 창출'은 뒷전으로 밀리게 된다.

넷플릭스는 이 문제를 아예 구조적으로 제거했다.

보너스도, 연간 KPI도 없다.

직원들은 매 분기 숫자를 채우는 데 집중하지 않는다.

그 대신 자신이 만든 결과가 '넷플릭스 전체의 비즈니스에 어떤 실질적 변화Impact를 가져왔는가'를 기준으로 평가받는다.

"넷플릭스에 무엇이 최선인가What's Best for Netflix." 이 단 하나의 기준으로 방향을 잡는다. 개인이나 팀의 목표가 아니라 조직 전체의 성장을 향한 기여가 판단의 핵심이다.

그렇다면 일반 기업은 어떻게 접근해야 할까?

핵심은 넷플릭스를 그대로 따라 하는 것이 아니라 "우리 KPI가 회사에 진짜 도움이 되는 결과와 맞아떨어지고 있는가?"라는 질문을 경영진이 정기적으로 던지는 데 있다. 성과지표가 직원들을 '작은 수치 채우기'에만 몰입하게 만든다면, 그 지표는 즉시 재설계되어야 한다. 임팩트를 조직의 중심에 두려면, 성과를 정의하는 방식 자체가 바뀌어야 한다.

대부분의 기업이 당장 KPI를 버리고 '임팩트'라는 새로운 개념을 전면 도입하기는 어렵다. 그렇다면 기존 제도를 유지하면서도 어떻게 임팩트 중심의 사고와 실천을 조직에 심을 수 있을까?

그 시각은 넷플릭스를 그대로 흉내 내는 것이 아니다. 현재의 성과관리 체계와 경영진이 바라는 비즈니스 임팩트 사이의 '간극gap'을 인식하고, 그 간극을 점진적으로 조정해가는 데서 출발해야 한다.

첫째, 최고경영진이 'KPI와 임팩트의 괴리'를 정기적으로 점검할 수 있는 구조를 마련해야 한다.

예를 들어 분기마다 리더 그룹 내부에서 다음과 같은 질문을 공론화해볼 수 있다.

- 지금 우리가 사용하는 성과지표가 정말 회사의 장기 가치와 맞닿아 있는가?
- KPI 때문에 본질적인 문제 해결을 미루고 있지는 않은가?
- 외부 환경 변화에 따라 KPI 목표치를 조정하거나, 아예 다른 지표로 대체할 필요는 없는가?

이러한 논의는 성과관리의 방향을 점검하는 일종의 계기판 역할을 하며, 필요할 경우 지표 자체를 과감히 재설계해야 할 수도 있다. 물론 이러한 과정은 경영진이나 기획 부서 입장에서는 부담스럽다. 그러나 이 점검을 귀찮아하는 순간, 그것은 곧 관리를 위한 관리, 혹은 지표를 위한 지표로 전락할 위험이 있다.

둘째, 수치로 환산하기 어려운 임팩트는 피드백 중심의 평가로 보완해야 한다.

정량화가 어렵다는 이유로 성과를 배제하지 말고, 오히려 스토리 기반의 기여 평가 문화를 정착시키는 것이다. 이를 위해 조직 차원에서 다음과 같은 사례를 체계적으로 수집·기록하는 프로세스를 마련한다.

- 본인 소관이 아닌 타 부서의 프로젝트를 도와 가치를 창출한 경우
- 리스크를 감수하며 새로운 방식을 실험한 경험
- 협업을 통해 고객 경험이나 브랜드 신뢰도를 높인 비가시적 성과

이러한 성과들은 연간 KPI에는 포함되지 않더라도, 승진·보상·차년도 목표 설정 시 의미 있는 참고자료가 될 수 있다. 숫자로 드러나는 결과에만 집착하지 말고, 그 밖의 중요한 가치들도 평가에 반영할 수 있도록 기준을 넓히는 것이 핵심이다. 조직이 장기 임팩트의 중요성을 잊지 않도록, 이를 반복적으로 환기하고 문화와 제도 속에 녹여내는 것이 관건이다.

넷플릭스처럼 성과 시스템을 통째로 바꾸는 것은 어려울 수 있다. 그러나 이처럼 작지만 방향성 있는 변화들을 통해, 조직은 점차 숫자에 묻힌 임팩트를 다시 중심에 놓아두는 문화를 형성해갈 수 있다.

그 변화는 오늘, 단 하나의 질문에서 시작할 수 있다.

"지금 우리가 하는 이 일이, 정말 더 나은 우리를 위한 임팩트를 만들고 있는가?"

2장

상상을 현실로 만드는 힘

4 호기심
질문 하나가 바꾼 예측 모델

넷플릭스가 강조하는 9가지 핵심 가치 중 네 번째는 바로 '지적 호기심Intellectual Curiosity'이다. 이는 단순한 마음가짐이나 태도 차원의 이야기가 아니다. 넷플릭스는 이를 '업무 역량'으로 간주하고, 다음과 같은 기준으로 판단한다.

호기심

- 빠르고 열정적으로 배운다
- 전략, 시장, 고객, 공급자를 적극 이해한다
- 비즈니스와 기술, 그리고 엔터테인먼트 전반을 넓고 깊게 통찰한다
- 자신의 전문성을 넘어 효과적으로 기여한다

출처: 2009 Netflix Culture Memo Deck

일반 기업에서라면 조금 생소하거나 심지어 불편하게 들릴 수도 있는 가치다. 대부분의 조직은 '전문성 강화'를 장려하면서도, 정보 접근과 공유는 엄격하게 통제한다. 부서 간 벽을 넘어선 질문이나 제안은 대개 "그건 우리 일이 아니다"라는 냉담한 답변을 불러온다. 정보는 계층별로 급tier을 나누고, 직급과 조직에 따라 접근 권한accessibility이 갈린다.

그러나 넷플릭스는 다르다.

법적으로 보안이 필요한 극히 일부 항목을 제외하면, 내부 보고서와 프로젝트 자료 대부분이 정규직 구성원 누구에게나 열려 있다. 그리고 열려 있다는 것 자체가 끝이 아니다. 그 정보를 보고, 이해하고, 피드백을 주고받으며, 때로는 본인의 전문성과 상관없는 아이디어로 실제 프로젝트에 기여하는 데까지 진행되기도 한다.

넷플릭스에서 호기심은 혁신의 출발점이다

고객 확보 전략을 고민하던 시기에, 나는 우연히 미국 엔지니어링팀의 서비스 개선 보고서를 읽게 되었다. 생면부지의 팀이었지만, 보고서 내용에 한국 고객의 피드백을 바탕으로 의견을 남겼다.

놀랍게도 그 의견은 귀찮은 간섭이 아니라 '유의미한 인풋'으로 받아들여졌고, 직접 답변이 왔다. 그 답변은 단순한 코멘트를 넘어 실제로 짧은 101 미팅으로 이어졌고, 결국 아시아 지역 예측 모델 개선의 출발점이 되었다.

이것은 넷플릭스의 '지적 호기심'이 단지 개인의 탐구심을 강조하는 수준이 아니라 협업의 본질이자 업무 방식의 철학이라는 것을 보여주는 사례다.

하지만 이런 문화를 받아들이지 못하는 구성원도 분명 있다. 정보는 모두에게 열려 있지만, 관심도 없고 참여도 없다면 어떻게 될까? 이런 사람은 '사일로형 인재' 혹은 '은둔형 전문가'로 분류되어 피드백 대상이 된다. 넷플릭스에서는 '호기심 없는 침묵'조차 개선이 필요한 행동으로 간주된다.

결국 넷플릭스는 현명한 판단력을 가진 사람들이 효과적으로 소통하며, 임팩트를 중심에 두고, 넷플릭스를 위한 최선이라는 기준에 따라 경계 없는 협업을 실현하는 조직이다.

그 토대에 자리한 것이 바로, 정보의 극단적 투명성과 이를 실제로 활용할 줄 아는 지적 호기심이다.

이 문화를 이해한다면, 넷플릭스가 단순한 콘텐츠 회사가 아니라 세계 최정상급 테크 기업이기도 하다는 사실을 자연스레 납득하게 될 것이다.

경계를 허무는 호기심과 공유의 힘

넷플릭스는 엔터테인먼트 기업인 동시에, 세계에서 가장 실험적이고 과감한 기술 연구가 이루어지는 테크 기업이기도 하다. 세계 유수 대학에서 박사 학위를 받은 인재들이 신기술과 AI 예측 모델을 개발하고, 이를 실전에서 테스트하며 기업의 미래 가치를 설계한다.

내가 재직하던 당시, 회사의 주요 과제 중 하나는 'AI 기반 수요 예측의 정밀화'였다.

그때 나는 이론이나 기술에 깊은 지식은 없었지만, 한 가지는 궁금했다. "불확실성의 끝판왕인 엔터테인먼트 산업에서, 어떻게 미래를 예측한다는 것일까?"

그래서 짬이 날 때마다 회사 내부의 클라우드 보고서 라이브러리에서 수요 예측 관련 문서를 하나씩 읽어 내려갔다. 놀라웠던 것은, 극히 일부를 제외하고 대부분의 AI 개발 보고서를 열람할 수 있었다는 점이다.

기술적 설명의 80퍼센트는 이해할 수 없었다. 하지만 이해되지 않는다는 이유로 그만두고 싶지 않았다. 보고서 아래에 질문을 남기자, 놀랍게도 지구 반대편에서 장발의 박사가 친절하게 답글을 달아주었다. 질문 하나에 정성껏 답해준 것을 계기로 짧은 대화가 몇 차례 이어졌고, 결국 101 미팅으로 자연스럽게 발전하기도 했다. 내가 건넨 한국 시장에 대한 '비전문적인' 소비자 인사이트 중 일부는 놀랍게도 실제 아시아 지역의 예측 모델을 정교화하는 데 반영되었다.

이후 프로젝트팀은 '전문가 중심 구조'에서 '다양한 로컬 시각이 반영되는 구조'로 점차 확장되었고, 나 같은 기술 비전문가도 패널 토의에 참여할 수 있도록 진화했다.

이 모든 시작은 단순한 질문 하나에서 비롯되었다.

"이건 무슨 의미인가요?"

넷플릭스가 말하는 '지적 호기심'은 단지 개인적인 탐구심이나 자기계발의 의지 정도를 의미하지 않는다. 이는 회사 전반의 작동 원리를 떠받치는 실질적 동력이며, 직무 간 경계와 사일로 구조를 허무는 일종의 '문화적 해커' 역할을 한다.

그 핵심에는 두 가지 원칙이 있다.

첫째, 정보를 숨기지 않는다.

일반 기업에서는 정보의 보안과 통제를 중시한다. 반면 넷플릭스는 정보의 공개성과 공유를 생산성의 촉매로 본다. 정보가 개방되면 다양한 시각이 모이고, 엉뚱한 아이디어가 섞이고, 결국 더 창의적인 솔루션이 나온다는 믿음. 이 철학은 엔지니어링팀의 수요 예측 보고서에 시장 전략팀이 피드백을 남기고,

그 의견이 실제 프로젝트에 반영되는 일련의 흐름에서 여실히 드러난다. 어쩌다 생긴 한두 번의 협업이 아니라 넷플릭스 안에서는 수천 번, 수만 번 반복되는 일상의 풍경이다.

둘째, 전문성보다 참여가 중요하다.
자신의 영역을 넘어서 질문하고, 피드백을 주고, 협업하는 태도. 넷플릭스는 이것을 개인이 할 수 있는 '기여'이자 '존재의 이유'라고 본다.

"이건 내 일이 아닌데"라는 태도는, 곧 호기심 부족으로 해석된다. 반대로 타 부서의 프로젝트라도 고객 관점에서 의견을 보태고, 새로운 인사이트를 제공하는 구성원은 조직의 학습 속도를 비약적으로 끌어올리는 핵심 인재로 인식된다.

이처럼 넷플릭스의 '지적 호기심' 문화는 단순한 정보 공유 차원을 넘어, 모든 구성원이 "넷플릭스를 위한 최선은 무엇일까?"라는 질문 앞에서 자기 역할을 재정의하고, 경계를 넘나들며 기여하는 시스템으로 진화해왔다.

그 시작은 단순했다.
정보를 숨기지 말 것. 어떤 주제든 질문할 것.
지식을 머무르게 하지 말고, 반드시 행동으로 옮길 것.
끊임없이 질문하고, 기꺼이 배우며, 능동적으로 기여하려는 태도. 여기에 더해, 필요한 경우 자신의 생각을 검증하고 수정할 수 있는 열린 마음까지 갖추는 것이다.

넷플릭스는 바로 이 '호기심'이야말로, 급변하는 시장에서 살아남고 지속적으로 혁신할 수 있는 근본적인 힘이라고 믿는다. 그리고 이 믿음은 지금도, 전 세계 각지에서 전혀 다른 직무와 배경을 지닌 수천 명의 넷플릭스 구성원을 하나로 연결하고 있다.

넷플릭스 웨이

호기심은 일하는 방식을 어떻게 바꾸는가

넷플릭스가 말하는 '지적 호기심' 문화는 단순한 정보 공개 수준에 그치지 않는다. 이 문화는 '정보를 감추지 않고 공유하는 것', '질문하기를 주저하지 않는 것', '피드백을 실질적인 행동으로 이어가는 것'—이 3가지 실천을 중심으로 설계된 협업 방식이다. 이 시스템은 극단적인 투명성을 기반으로 하지만, 무조건적인 개방을 의미하지는 않는다. 오히려 산업의 특성과 조직 구조에 맞게 정교하게 설계되고 조율되어야 한다.

'정보의 투명성'과 '경계를 넘는 호기심'은 넷플릭스 문화를 대표하는 키워드다. 이처럼 파격적인 시스템은 글로벌 테크·콘텐츠 기업을 통틀어도 이례적인 수준이다. 하지만 현실적인 도입에는 신중한 접근이 필요하다. 제대로 설계하지 않으면 기대했던 혁신은커녕 조직 리스크로 되돌아올 수 있기 때문이다.

다음은 일반 기업이 이 문화를 도입할 때 반드시 고려해야 할 3가지 주요 포인트인데, 경영 자문과 투자 분석 현장에서 자주 마주치는 것이기도 하다.

1. 법적 리스크: 정보 공유는 곧 책임이다

특히 상장사나 금융회사처럼 민감한 정보가 많은 조직은 정보 공유 수준을 잘못 설정하면 치명적이다. 예컨대 공시 전 재무자료나 M&A 검토 문건이 내부 시스템을 타고 공유되었다가 유출되면, 곧바로 내부자 거래와 연결된다. 실제로 2021년에 넷플릭스의 전직 엔지니어가 내부 정보를 이용해 주식 거래를 한 혐의로 형사 처벌을 받은 사례도 있었다. 이 사건 이후 넷플릭스 역시 정보 보안 체계를 대폭 강화했다. 정보 공유는 조직의 투명성을 높이는 강력한 도구이지만, 동시에 매우 높은 수준의 책임과 통제를 요구하는 시스템이라는 점을 잊어서는 안 된다.

2. 경쟁 리스크: 우리 수준에 맞는 정보 개방 전략은?

넷플릭스는 업계 절대강자다. 전략과 기술이 외부로 조금 새어나간다고 해도 즉각적인 타격은 제한적이다. 그러나 기술 기반 산업, 특히 반도체, 방산, 바이오, 금융 분야처럼 핵심 기밀이 기업의 존망을 가르는 경우라면 얘기가 달라진다. 한 글로벌 반도체 기업에서는 R&D 보고서가 내부 협업 플랫폼에서 전사적으로 공유되었다가, 이직한 직원의 유출 논란으로 비화된 사례도 있었다. 이런 산업에서는 모든 정보에 동일한 접근 권한을 부여하기보다 공유 대상을 철저히 구분하고 계층화하는 전략이 필수다.

3. 조직 내부 갈등: 좋은 의도가 불필요한 충돌로

넷플릭스는 KPI가 없는 조직이다. 개인의 평가 기준 대신 "넷플릭스를 위한 최선"이라는 원칙이 조직 문화를 이끈다. 그 덕분에 부서 간의 견제 없이 자유로운 피드백과 협업이 가능하다.

하지만 대부분의 기업은 부서별 KPI, 연간 목표, 실적 기반 보상이 명확히 나뉘어 있다. 이런 구조에서는 다른 부서 프로젝트에 대한 관심이 '호기심'이 아닌 '간섭'으로 비칠 수 있다. 실제로 중국의 한 빅테크 기업에서는 신사업 조직이 기존 전략에 강하게 반대 의견을 제시한 이후, 조직 간 갈등이 격화되어 정보 공유 체계 자체가 축소된 사례도 있다. 정보 공유 이전에, 구성원 간의 상호 존중과 정서적 안전감이 먼저 확보되어야 한다.

호기심은 KPI로 측정할 수는 없지만, 팀의 기민함과 창의성, 그리고 조직의 집단 학습 속도에 결정적인 영향을 미친다.

넷플릭스가 우리에게 남긴 메시지는 명확하다.

정보를 통제하는 조직보다 정보를 신뢰하는 조직이 더 빠르고 강하다. 결국 중요한 것은 시스템 자체보다 그 시스템을 작동시키는 사람들의 태도다.

5 혁신
드라마보다 재미있는 마케팅의 탄생

넷플릭스가 「문화 메모」에서 제시하는 9가지 핵심 가치 중 다섯 번째는 '혁신'Innovation이다. 이 항목에서 넷플릭스는 혁신적 인재에게 다음과 같은 역량을 기대한다.

혁신
- 어려운 문제를 새롭게 바라보고, 실질적인 해법을 찾는다
- 필요하다면 통념에 도전하고, 더 나은 방법을 제안한다
- 쓸모 있는 새로운 아이디어를 만든다
- 복잡함을 덜고, 단순화에 집중해 조직을 유연하게 만든다

출처: 2009 Netflix Culture Memo Deck

이쯤 되면 의문이 생긴다. 창의성과 혁신을 강조하는 기업은 넷플릭스만이 아니다. 전 세계 수많은 테크 기업들이 '혁신'을 핵심 가치로 내세우며 조직을 이끌고 있다.

그런데 왜 넷플릭스의 혁신은 다르게 느껴질까?

그 차이는 출발점에 있다. 넷플릭스의 혁신은 늘 하나의 질문에서 시작된다.

"이 방식이 정말 최선인가?"

그리고 이 질문은 대부분 기존의 룰과 상식을 정면으로 의심하는 방식으로 전개된다.

넷플릭스식 마케팅: 알리지 않는다, 찾아오게 만든다

2020년 무렵, 넷플릭스의 글로벌 마케팅 조직은 시장 전체를 지배하던 '퍼포먼스 마케팅' 트렌드에 의문을 제기하기 시작했다.

당시 업계의 정석은 이랬다.

광고비를 투입해 최대한 많이 노출시키고Exposure, 클릭을 유도한 뒤Click, 전환율Conversion로 효과를 측정한다.

숫자가 곧 성과였고, ROI가 모든 전략의 기준이었다.

하지만 이 방식엔 본질적인 한계가 있었다. 광고는 많았지만, 고객의 기억에 남는 것은 없었다. 마케팅은 있었지만, 임팩트는 미미했다.

넷플릭스는 여기에 의문을 던졌다. "고객이 진짜 반응하는 것은 무엇인가?"

그 결과, 넷플릭스는 KPI 자체를 재설계했다.

'노출'과 '전환' 대신, '대화'와 '공감'을 마케팅의 중심에 놓았다. 고객이 캠페인을 '보는 것'이 아니라 '이야기하게 만드는 것'. 이른바 발화 마케팅Conversation Marketing 전략이다.

  캠페인의 성공 여부를 판단하는 기준은 더 이상 '클릭 수'가 아니었다. 유튜브, 인스타그램, 블로그, 트위터現 X 등에서 얼마나 많은 자발적인 대화와 반응이 생겨났는지가 핵심이었다.

  이를 위해 넷플릭스는 외부 리서치 업체들과 협업해 전 세계의 온라인 발화량을 정밀하게 추적·분석하는 시스템을 구축했고, 1년간 수백만 달러를 투입해 데이터 기반의 '공감 측정법', 즉 소셜 버즈Social Buzz를 정량화하는 시스템을 고도화했다.

  이 새로운 마케팅 철학은 실행 단계에서 놀라운 변화를 이끌어냈다. 할인을 외치는 배너 대신, 사람들이 캡처해서 공유하고 싶은 이미지를 만들었다. 전단지와 쿠폰은 사라졌고, 그 대신 SNS에서 자발적으로 퍼지는 콘텐츠와 체험형 오프라인 캠페인이 등장했다.

  어떤 캠페인은 마치 영화 세트처럼 꾸며졌고, 고객은 그 안에서 사진을 찍고, 올리고, 이야기했다. 수천 개의 유튜브 리뷰, 수만 건의 SNS 콘텐츠가 자연스럽게 생겨났다.

  「승리호」 캠페인에서는 자가용을 타고 우주선을 체험하는 오프라인 전시가 기획되었고, 실제로 방문자들의 인증샷과 리뷰가 수많은 바이럴 효과로 이어졌다.

  캠페인은 더 이상 광고가 아니었다. 넷플릭스의 콘텐츠처럼,

고객이 '소비'하는 것이 아니라 '참여'하는 콘텐츠가 되었다.

이 변화는 마케팅팀의 업무방식 자체도 바꾸어놓았다.
크리에이티브 디렉터, 데이터 애널리스트, 브랜드 매니저가 한 팀이 되어, 매번 스스로에게 물었다.
"우리가 만들 캠페인이 넷플릭스 드라마보다 더 재미있을 수 있을까?"
정답은 없었다.
하지만 그 질문은 늘 팀 전체를 더 나은 아이디어로 이끌었다. 짧은 영상, 현장 이벤트, 패러디 콘텐츠까지 모든 것이 실험 대상이 되었다.
넷플릭스가 말하는 '혁신'은 신제품이나 기술 개발에만 국한되지 않는다. 그들에게 있어 혁신이란, 기존의 접근법을 근본부터 다시 묻고, 조직의 문법을 고객 중심으로 다시 쓰는 것이다. 그리고 그 중심엔 늘 "고객에게 진짜 임팩트를 줄 수 있는가?"라는 질문이 자리한다.
혁신은 기술이 아니다. 사고 방식의 전환이고, 조직의 태도를 바꾸는 일이다. 넷플릭스는 그걸 매일 실험했고, 그 실험은 세계인의 대화 속에서 증명되고 있었다.

넷플릭스 웨이

틀을 바꾸지 않으면, 아무것도 바뀌지 않는다

넷플릭스의 혁신 문화는 많은 기업에 강한 유혹처럼 다가온다. '진짜 혁신적인 조직 문화'를 도입하고자 하는 경영자에게, 넷플릭스는 마치 미래의 모델처럼 보이기도 한다.

하지만 이 문화를 일반 기업에 적용하려면, 반드시 넘어야 할 현실적인 벽이 있다. 눈앞의 관행을 깨뜨리지 않으면 넷플릭스식 혁신은 이름만 남고 본질은 사라질 가능성이 크다.

1. 고인물 KPI, 혁신을 밀어낸다

대부분의 전통 기업은 이미 수년간 써온 성과지표 시스템을 가지고 있다. 숫자는 명확하고, 시스템은 안정적이다. 문제는 이 '예측 가능한 숫자'가 새로운 시도에는 전혀 반응하지 않는다는 데 있다.

혁신은 원래 실험이고, 실험은 실패와 시행착오를 포함한다. 그런데 조직의 평가는 여전히 '전환율', '클릭 수', '정산 정확도' 같은 기존 프레임 안에서 움직이고 있다면, 혁신은 시작부터 외면당하기 십상이다.

이럴 땐 '혁신 점수'를 KPI에 추가하는 식의 땜질은 의미 없다.

"기존의 KPI 자체를 의심할 수 있는가." 여기서부터 진짜 혁신은 시작된다.

틀을 보존한 채 혁신을 하겠다는 것은, 방향만 바꾼 채 같은 철길을 달리는 기차와 같다. 아무리 엔진을 갈고 차체를 새로 칠해도 결국 도달하는 곳은 같다.

틀을 바꾸지 않으면, 내용도 바뀌지 않는다.

2. 조직의 피로감과 워라밸의 장벽

성과지표만 문제가 아니다. 더 큰 장벽은 사람, 그리고 분위기다.

익숙한 일을 반복하고, 퇴근 시간만을 기다리는 조직 문화에서는 어떤 혁신도 자리 잡기 어렵다. 새로운 방식, 낯선 실험은 '내 일이 아니다', '괜히 힘든 일 만들지 말자'는 반응에 부딪치기 일쑤다. 결국 이런 환경에서 혁신은 종종 몇몇 인재의 번아웃으로 귀결된다.

시도는 일회성으로 끝나고, 조직 전체의 학습 곡선은 멈춘다. 이때 중요한 것은, 경영진의 선택이다. 탁월한 인재가 실험할 수 있는 장을 만들어줄 수 있는가. 틀에서 벗어난 시도를 장려하고, 수치로 환산되지 않는 성과도 인정하고, 실패조차도 배움으로 삼을 수 있게 할 것인가.

심리적 안전지대 없이, 혁신은 존재할 수 없다.

3. 혁신은 구호가 아니라 설계다

혁신을 한다고 해서 하루아침에 조직의 본질이 바뀌는 것은 아니다.

핵심은 늘 같다. 무엇이 고객에게 실질적인 가치를 줄 것인가. 그리고 그 판단을 가장 잘 내릴 수 있는 사람은 누구인가.

결국 혁신을 이끄는 것은 시스템이 아니라 '탁월한 판단력'과 '임팩트 중심의 시선'을 가진 사람들이다. 이들이 주도하지 않는 혁신은 구호로만 존재하고, 실행은 곧 조직의 관성에 빨려 들어간다.

일반 기업이 넷플릭스식 혁신을 차용하고자 한다면, 3가지 질문에 먼저 답해야 한다.

- 혁신을 어떻게 평가하고 인정할 것인가
- 어떤 핵심 인재가 이를 주도할 수 있는가
- 실패해도 괜찮다는 조직적 합의와 구조가 마련되어 있는가

그리고 무엇보다 중요한 점은 모든 변화가 단기 캠페인이 아니라 조직의 신념으로, 매일의 일상으로 녹아들 수 있는 구조인지 살펴봐야 한다는 것이다.

혁신은 전략이 아니라 습관이다. 넷플릭스가 증명한 건, 그 습관이 쌓이면 결국 문화를 바꾸고, 문화는 비즈니스의 운명을 바꾼다는 것이다.

6 용기
침묵을 깨는 사람에게 기회를 주다

넷플릭스가 「문화 메모」에서 강조하는 9가지 핵심 가치 중 여섯 번째는 '용기Courage'다. '임팩트'나 '혁신'처럼 흔히 언급되는 단어들과 달리, '용기'는 일반 기업의 핵심 가치에서 찾기 힘든 개념이다.

그러나 넷플릭스는 이 추상적인 덕목을 조직 운영의 중심축으로 삼는다. 그들은 이렇게 말한다.

용기
- 논쟁이 되더라도 생각은 숨기지 않는다
- 힘든 결정도 회피하지 않고 불필요하게 끌지 않는다
- 똑똑하게 리스크를 감수한다
- 가치에 어긋나면 바로 질문한다

출처: 2009 Netflix Culture Memo Deck

침묵은 금이 아니다, 투명함이 금이다

넷플릭스의 '용기'는 단지 추상적인 이상이 아니다. 그들은 이를 실행하는 구체적인 장치를 갖고 있다. 대표적인 것이 '리얼타임 피드백' 문화다.

누군가의 개선 지점이 보이면, 즉시 피드백 미팅을 잡는다.

배경 설명, 기대 효과, 구체적인 방향성까지 분명하게 전달하며 상대의 성장을 돕는다. 상대가 임원이든 신입이든, 위계는 상관없다.

단 한 가지 기준만 있다.

"회사에 도움이 되는가?"

2019년, 입사 두 달 차에 「인간수업」이라는 작품 관련 미팅에 참석한 적이 있었다. 사전 정보는 거의 없었지만, 나는 조심스럽게 의견을 냈다.

"이 작품의 다소 어두운 분위기를 다른 시각으로 바꿔, 손에 땀을 쥐게 하는 서스펜스 범죄물처럼 표현하면 진입 장벽이 낮아지지 않을까요?" 그 순간 회의실의 공기는 묘하게 얼어붙었다. 사회적으로 민감한 주제인 '십 대 강력범죄'를 다루는 작품인 만큼, 내 발언은 자칫 위험하게 들릴 수 있었기 때문이다. 담당 PD는 차분히 작품의 방향성과 리스크를 설명해주었고, 회의는 그렇게 마무리되었다. 하지만 그 직후, 나는 마케팅 총괄 임원 K 님과 1:1 피드백 자리에 불려갔다.

솔직히 걱정되었다.

다른 회사였다면 "신입이 나서지 말라"는 핀잔을 들었을 수도 있는 상황이었다.

그런데 K 님의 첫마디는 이랬다.

"발언의 옳고 그름보다 이제 막 입사한 분이 더 나은 방향을 고민하며 용기를 냈다는 점을 정말 높이 평가해요. 아주 잘했어요." 그는 이어 "다만 다음에는 사전에 맥락을 조금 더 파악하고, 제작진과 홍보팀의 관점을 함께 고려하면 좋겠어요"라는 조언을 건넸다.

내가 받은 첫 피드백은 꾸지람이 아니라 격려였다.

그 후에도 나는 몇 번 엉뚱한 제안을 하거나 잘못된 판단을 내놓은 적이 있었다. 그러나 어느 누구도 그것을 '바보 같은 말'이라거나 '무리수'라고 표현하지 않았다. 대부분의 동료는 그것을 '잘못된 판단'이 아닌 '필요한 용기'로 받아들였다.

법무팀의 주니어가 콘텐츠팀 발표에 질문을 던지고, 엔지니어링 조직에서 마케팅 방향을 묻는다. 그 모든 장면에는 공통된 전제가 있다.

"이 의견이 넷플릭스를 더 좋게 만들 수 있다면, 누구든 발언할 자격이 있다."

많은 조직에서 '용기'는 개인 성향에 맡겨진 덕목이다. 하지만 넷플릭스는 그것을 기업의 문화로 시스템화했다.

그들이 원하는 것은, 판단력Judgement을 갖춘 인재가 지적 호기심Curiosity과 심리적 안전감 속에서 기꺼이 도전하고, 실패를 감수하고, 혁신Innovation을 실현하는 일이다. 즉, 용기는 넷플릭스 가치 체계의 촉매제다.

  침묵을 깨는 사람에게 기회를 주고, 다른 생각을 말하는 사람에게 공간을 주는 구조. 이것이 바로 넷플릭스가 용기를 사람의 성격이 아니라 조직의 시스템으로 설계한 이유다.

용기를 시스템으로 발휘하게 만든 회사

지금까지 다룬 넷플릭스의 가치들—임팩트, 판단력, 호기심, 혁신—은 그 자체로도 중요한 조직의 자산이다. 하지만 이 모든 것을 현장에서 실제로 실행하게 만드는 힘, 그것이 바로 용기다. 용기는 말하자면, 다른 가치들이 머릿속에 머물지 않고 현실로 움직이게 만드는 촉매제 Catalyst다. 이 촉매제가 조직 안에서 '트러블메이커'가 아닌 '변화의 동력'으로 인정받기 위해서는 리더의 지지와 조직 전체의 심리적 안전감이 필수적으로 따라야 한다.

여기서 핵심은 하나다. 그 발언이 옳았는가보다는 왜 했는가, 그 안에 진정성과 임팩트를 향한 의도가 있었는가. 이 질문에 '예'라고 답할 수 있다면, 그 사람은 조직이 보호하고 키워야 할 자산이다.

넷플릭스가 말하는 '용기 있는 행동'은 과연 일반 기업에도 적용할 수 있는가? 쉽지는 않지만, 불가능하지도 않다. 다만 이것이 가능하려면 몇 가지 중요한 장치와 전제 조건이 필요하다.

1. 위계 구조에 대한 재정의

많은 조직은 여전히 위계 중심의 의사결정 구조를 갖고 있다. 기존의 방향성과 다른 목소리를 내는 사람은 자칫 문제아나 튀는 사람으로 낙인찍히기 쉽다. 따라서 진짜 필요한 것은, 의견의 정답 여부보다 그 발언이 왜 나왔는지를 이해하려는 태도다.

"틀려도 괜찮다. 다만 진정성 있게 임팩트를 고민한 결과였는가?"라는 기준이 우선되어야 한다. 이런 문화는 자연스럽게 생기지 않는다. 리더들이 의도적으로 설계하고, 실행하고, 반복해야만 조직 안에 뿌리내릴 수 있다. 특히 고위 리더일수록 자신의 발언 시간을 줄이고, "막내 의견도 한번 들어볼까요?", "괜찮은데요? 새로운 시각이네요"와 같은 한마디로 팀 분위기를 바꿔야 한다. '용기'를 존중받는 행동으로 만들기 위해서는 리더가 먼저 나서야 한다.

2. 아이디어가 곧 책임이 되지 않도록

일반 기업에서는 새로운 아이디어를 낸 사람에게 2가지 일이 일어난다. 잘못되면 질책, 잘되면 전담.

결국 아이디어의 성패가 온전히 개인의 몫이 되기 쉽다. 이런 구조에서 누가 나서서 의견을 내겠는가? 리더는 아이디어가 곧 짐이 되지 않도록 설계해야 한다. 새로운 제안이 나왔을 때, 그에 맞춰 업무를 유연하게 조정하고, 프로젝트 범위도 함께 재구성할 수 있어야 한다.

이런 체계가 뒷받침되어야 "내가 낸 아이디어가 곧 나를 덮치지 않는다"는 신뢰가 생기고, 구성원도 주체적으로 의견을 제시할 수 있게 된다.

3. '용기'를 가장한 정치를 하지 않도록

한편, 용기라는 명분 아래 불필요한 갈등을 일으키는 사람들도 있다. 공개적인 자리에서 타인을 공격하거나, 뒷말을 하는 이들이다. 그들은 마치 소신 있는 비판자인 척하지만, 실은 사내 정치의 한 방식을 따르는 사람일 뿐이다.

넷플릭스가 말하는 용기는 사람이 아니라 생각에 집중하는 태도다. 의견은 정중하고 직접적으로, 그러나 언제나 세련되게 전달해야 한다. 소통은 날카로울 수 있지만, 품격은 잃지 말아야 한다.

우리 조직의 분위기를 떠올려보자. 구성원들은 똑똑하고 성실하지만, 어딘가 새로운 시도에는 소극적이고 보수적이다? 그렇다면 지금 이 조직에는 '생각을 행동으로 바꾸는 용기'를 북돋아줄 리더가 적은 것이다. 넷플릭스는 그 용기라는 가치를 통해, 현명한 사람들이 주저하지 않고 행동하는 문화를 만들어가고 있다.

생각이 머무르지 않고 움직이게 만들고 싶은가?

그렇다면 지금 필요한 것은, 용기를 지지하는 시스템이다.

넷플릭스는 처음부터 '모두를 위한 회사'가 될 생각은 없었다.
오직 최고만이 살아남는, 냉정하고도 치열한 무대였다.
'좋은 사람이 아니라 뛰어난 사람'을 찾는다.
정해진 룰도, 안전망도 없다.
당신이 그만큼 잘한다면, 그 누구보다도 큰 자율과 보상을 누릴 수 있다.
그래서 넷플릭스는 말한다.
"우리는 가족이 아니다. 우리는 챔피언십을 노리는 스포츠팀이다."
그 말처럼, 이 회사에서 살아남는다는 것은 실력으로 계속 증명한다는 뜻이다.

3장

세계 200개국을
사로잡은 지속력

7 열정
끝까지 밀어붙이는 힘의 정체

넷플릭스가 「문화 메모」에서 강조하는 9가지 핵심 가치 중 일곱 번째는 '열정Passion'이다. 여기서 말하는 열정은 단순히 뭔가를 '좋아하는 마음'에 그치지 않는다. 넷플릭스는 열정을 다음과 같이 정의한다.

열정

- 탁월함을 갈망하며, 동료에게 영감을 준다
- 넷플릭스의 성공에 강하게 몰입한다
- 잘된 일은 함께 축하한다
- 포기하지 않고 끝까지 간다

출처: 2009 Netflix Culture Memo Deck

이 '열정'이라는 단어를 머릿속에 떠올리자마자 한 사람이 생각났다.

유가有價 마케팅팀Paid Marketing Team 팀장이었던 M이다.

진짜 열정은 끝까지 해내고 싶은 마음이다

2021년 어느 날, 군내 병영 부조리를 다룬 콘텐츠 캠페인이 내부에서 큰 관심을 받지 못하고 있었다.

'군대 콘텐츠'라는 말만 들어도 대부분 고개를 갸웃하던 시절이었다. 바로 그때 M이 나섰다. 군대를 다녀오지 않은 여성임에도 불구하고, "이거야말로 우리가 가장 임팩트를 낼 수 있는 프로젝트"라며, 누구보다 강하게 주도권을 잡고 이끌어나갔다. 작은 미팅룸에서 그녀가 쏟아낸 아이디어와 추진력은 아직까지도 생생하다.

그녀는 사무실 구석에서 시작된 그 캠페인을 위해 설득 미팅을 자처하고, 자료를 만들고, 전략을 바꾸고, 다시 뛰었다. 내가 "이쯤이면 그냥 포기해도 되는 거 아냐?"라고 말했을 때, 그녀는 이렇게 답했다.

"근데 이거 성공하면 진짜 시장에서 우리 넷플릭스 위상이 확 달라질걸? 이건 내 일이라서 하는 게 아니라 우리가 하는 일 중에 가장 임팩트 있는 일이라고 생각해서 그래."

그 말을 듣는 순간, 나는 진짜 '열정'이 뭔지 알게 되었다.

나는 그녀와의 미팅을 '30분 1:1 미팅에 실패하는 사이'라고 표현하곤 했다. 정말 그랬다. 시간 약속은 매번 정중히 이루어졌지만, 미팅이 시작되면 마치 마법처럼 시간이 획획 흘러갔다.

서로를 존중했지만 의견은 자주 부딪혔고, 목소리가 높아지는 경우도 적지 않았다.

"이번엔 진짜 30분만 하자. 다음 팀 기다린다." 이렇게 다짐하고 들어가지만, 현실은 늘 달랐다.

"아, 잠깐만, 그 얘기 하니까 생각났는데……."

"아 근데, 그거 만약에 저 콘셉트가 잘 안 먹히면, 요렇게 한번 비틀어보는 건 어때?"

"오, 그거 괜찮은데? 근데 그러면 캠페인 타임라인 조정 좀 해야 하지 않을까?"

아이디어는 쉴 새 없이 터져 나왔고, 회의는 끝날 줄 몰랐다. 유리창 너머로 다음 팀이 멀뚱히 서 있는 게 보여도, 우리 둘은 몰입한 채 계속 이야기를 쏟아냈다. 결국 회의실에서 쫓겨나 복도에서 10분을 더 하다가 엘리베이터 앞까지 가서도 말을 멈추지 않았다.

단순히 '말이 많아서'였을까? 당연히 아니다.

M은 열정이라는 단어를 몸으로 증명하는 사람이었다.

단지 잘 만드는 게 아니라 '기억에 남는 크리에이티브'를 만들기 위해 밤을 새웠고, 결과에 대한 책임을 회피하지 않았으며, 늘 최선을 뛰어넘는 결과를 꿈꿨다. 늘 웃으며 회의를 마치지 못했고, 때론 목소리가 높아지기도 했다. 하지만 가장 인상 깊었던 것은 자신의 이름을 알리기 위해서가 아니라 넷플릭스의 성공을 자신의 성공처럼 믿는 사람이었다는 점이다.

열정을 불편하게 여기지 않는 문화

앞서 말한 '용기'Courage가 새로운 생각을 끄집어내고 첫걸음을 내딛게 하는 촉매제Catalyst라면, '열정Passion'은 그렇게 시작된 행동이 끝까지 추진력을 잃지 않도록 붙잡아주는 연료다. 좋은 아이디어는 많지만, 끝까지 밀어붙여 현실로 만드는 것은 쉽지 않다. 대부분의 프로젝트가 중도에 멈추거나 산으로 가는 이유는, 아이디어 부족이 아니라 몰입의 결핍 때문이다.

넷플릭스에서 말하는 열정은 단순한 감정의 분출이 아니다. 그것은 성과를 향한 몰입, 실패해도 다시 시도하는 끈기, 그리고 동료의 성과를 자기 일처럼 기뻐할 줄 아는 태도다. 이런 사람들이 모였기 때문에 넷플릭스는 빠르게 움직였고, 강한 임팩트를 만들어낼 수 있었다.

 열정은 감정이 아니라 행동이고, 행동은 끝까지 밀고 나가야 비로소 성과가 된다. 그리고 그 힘은, 대개 한 사람의 진심에서 시작된다. 열정적인 사람이 한 명만 있어도 팀 전체의 리듬이 달라진다. 그 한 사람이 팀을, 조직을, 분위기를 바꾼다.
 결국 중요한 것은 그 열정을 불편하게 여기지 않는 문화다. 버겁게 보지 않고 기꺼이 지지해주는 분위기. 그래야 다음 M이, 또 다른 M이 나올 수 있다. M과 내가 지금은 넷플릭스에 있지 않지만, 나는 여전히 그와 함께 다시 일할 날을 기다린다. 그 열정은 회사를 떠나도 잊히지 않는다.
 진짜 열정은 그렇게 사람에게 남는다.

넷플릭스 웨이

사람은 불꽃, 조직은 연료통

현명한 판단력, 탁월한 소통, 혁신을 향한 시도, 임팩트를 향한 실행력……. 이 모든 것이 실제 성과로 이어지기 위해 반드시 필요한 것은 바로 열정의 지속성이다. 아무리 뛰어난 아이디어도 열정이라는 에너지가 없으면 현실로 구현되지 못하고, 한순간의 시도로 끝날 가능성이 높다.

넷플릭스는 이 열정을 개인의 성향에만 맡겨두지 않는다. 리더가 구성원의 에너지 흐름을 주기적으로 점검하고, 몰입 사례를 조직의 자산으로 전환하며, 열정이 혼자 불타다 꺼지지 않도록 전체 시스템이 이를 뒷받침한다.

1. 리더의 역할: 열정의 방향과 온도 조절

열정적인 인재는 때로는 주변과 속도나 방향이 맞지 않아 마찰을 일으키곤 한다. 이럴 때 리더는 단순한 방관자가 아닌, '에너지 조율자'의 역할을 해야 한다.

예컨대 한 구성원이 너무 앞서가 협업팀과 충돌이 잦아진다면 리더는 그 열정을 꺾는 대신 이렇게 피드백해야 한다. "이 아이디어 정말 좋네요. 다만 팀의 리소스와 우선순위를 고려했을 때, 지금 이 타이밍이 적절할까요?" 이처럼 구성원의 에너지를 존중하면서도 조율해주는 피드백 문화, 즉 상황형 피드백 시스템이 필요하다.

또한, 정기적인 '워크로드 체크인'을 통해 구성원이 스스로 번아웃 상태를 인식하고, 리더가 실시간으로 업무량을 조정해줄 수 있다면, 열정은 쉽게 소진되지 않고 지속 가능한 에너지로 전환될 수 있다.

실제로 어떤 글로벌 기업은 메일 트래픽, 회의 일정, 근무 시간 등의 데이터를 분석해, 특정 구성원이 과열 상태에 접어들면 리더에게 '리듬 경보'를 띄워주는 시스템을 운영하고 있다.

2. 몰입의 전환: 충성에서 성과로

열정적인 직원을 그저 '회사에 충성한다'고 해석하는 것은 위험하다. 몰입을 성과로 전환시키는 설계가 뒤따라야 한다. 예를 들어 특정 프로젝트에서 탁월한 기여를 한 구성원이 있다면 단순히 칭찬에 그치지 않고 그가 어떤 방식으로 몰입했고 어떤 성과를 이끌어냈는지를 프로세스 중심으로 문서화해 사내 지식 플랫폼에 공유한다. 이 자체가 조직의 '몰입 모델'로 작동하게 되는 것이다.

또한, 직무 재설계 제도도 유용하다. 특정 업무에 강하게 몰입한 직원이 있다면, 해당 업무의 비중을 높여주고 반복적이고 단조로운 업무는 자동화하거나 분담함으로써 몰입이 지속 가능하도록 뒷받침해야 한다. 그래야 열정이 점화된 채 유지된다.

3. 열정의 확산: 개인 에너지에서 조직 에너지로

열정은 팀 전체로 퍼질 때 비로소 조직의 힘이 된다. 열정적인 구성원이 조직 안에서 고립되지 않으려면 그 에너지가 자연스럽게 전파될 수 있는 구조가 필요하다. 예를 들어 사내 '아이디어 포럼'이나 '임팩트 챌린지 데이' 같은 프로그램을 통해 열정적인 직원이 자신의 아이디어를 공개 발표하고, 전사 차원에서 피드백을 받을 수 있는 무대를 만들 수 있다.

넷플릭스의 경우, 열정적으로 성과를 이끈 프로젝트는 타운홀 미팅이나 워크숍에서 베스트 프랙티스로 소개된다. 이는 단순한 사례 공유에 그치지 않고 다음 실행 프로젝트로 이어질 수 있는 실질적인 출발점이 된다. 열정이 팀을 움직이고 나아가 조직을 변화시키는 과정을 구성원이 직접 체감할 때, 그 열정은 고립되지 않고 지속적으로 확산된다.

용기는 첫발을 떼게 하고, 열정은 그 발걸음을 끝까지 밀어준다.
조직은 그 여정을 가능하게 만드는 시스템과 신뢰를 설계한다.
결국 넷플릭스의 문화는 이렇게 작동한다.

8 정직
솔직한 말이 관계를 지킨다

'정직'은 많은 기업이 강조하는 보편적인 가치지만, 실제로 조직 내에서 꾸준히 유지되기는 어렵다. 넷플릭스도 예외는 아니다. 개인적인 체감으로는, 이 덕목은 앞서 다룬 가치들에 비해 조직 내부에서 상대적으로 꾸준히 실현되지 못했던 항목이라고 생각한다.

정직

- 정직함과 직설로 통한다
- 의견이 달라도 돌려 말하지 않는다
- 얼굴을 보고 할 수 없는 말은 등 뒤에서도 하지 않는다
- 실수는 빠르게 인정한다

출처: 2009 Netflix Culture Memo Deck

이번 장에서는 넷플릭스가 말하는 '극단적 정직함Extreme Candor'이 실제 현장에서 어떻게 적용되었는지 사례를 통해 소개하고, 동시에 이 덕목이 훼손되기 쉬운 이유를 함께 살펴보고자 한다. 이를 통해 '정직'이 조직 문화 속에서 단순한 구호가 아닌, 지속 가능한 행동 원칙으로 자리 잡기 위해 무엇이 필요한지까지 짚어본다.

불편해도 정직하게

싱가포르 넷플릭스 아시아 지역본부에서 근무하던 시절, 리더였던 싱가포르인 B와 함께 일한 경험이 있다. 그는 나와 같은 BCG 출신으로, 따뜻한 성품과 냉철한 판단력을 겸비한 인물이었다. 하지만 처음에는 그의 강한 카리스마와 날카로운 표정에 긴장할 수밖에 없었다. 특히 위계가 뚜렷하고 주당 100시간이 넘는 고강도 업무가 일상인 BCG에서의 경력이 이런 인상을 한층 더 강하게 만들었다.

2019년 10월, 샌프란시스코 본사와 함께 고객 이탈률 감소를 위한 프로젝트를 진행하던 중이었다. 나는 한국 시장 데이터를 바탕으로 고객 시청 행동의 다양성을 설명했다.

"이 데이터를 보면 고객들이 한 달 동안 같은 시간을 보더라도 어떤 고객들은 여러 개의 콘텐츠를 짧게 돌려가며 보고, 어떤 고객들은 한 콘텐츠를 깊이 있게 시청하며, 또 어떤 이들은 배경음처럼 틀어놓기도 합니다. 이들 각각은 서비스에 대해 느끼는 효용이 다르고, 실제 이탈이나 재가입 행동에도 차이가 있습니다. 따라서 단순한 시청 시간 외에도 시청 방식의 질적 요소를 반영한 추천 알고리즘과 리텐션 전략이 필요합니다."

그때 미국 본사의 한 데이터 사이언티스트가 내 말을 한 문장으로 정리했다.

"So, what you said is that usage pattern is more important than viewing hour(그러니까 당신 말은, 시청 시간보다 이용 패턴이 더 중요하다는 거군요)."

그 한 문장은 내게 적잖은 충격을 안겨주었다. 몇 분에 걸쳐 장황하게 설명한 내용을 단 한 문장으로 요약해냈기 때문이다. 회의가 끝난 직후, B는 조용히 이야기를 나누자며 나를 콜 부스로 불렀다. 이미 머릿속이 하얘졌고, 불안감이 엄습했다. 내가 한 말이 비효율적이었다는 이유로 혼나는 것은 아닐까, 걱정이 앞섰다.

그가 물었다.

"보경, 영어가 모국어가 아닌 사람이 영어를 멋지게 말하는 가장 좋은 방법이 뭔지 알아?"

내가 머뭇거리자, 그는 말을 이었다.

"유창하게 말하는 거? 그건 미국 거지도 다 할 수 있어. 중요한 것은 '구조화된 말하기'야. 핵심부터 던지고, 나머지는 그걸 뒷받침하면 돼. 네가 오늘 말한 걸 내가 정리해볼게."

그는 내가 했던 설명을 단 두세 문장으로 간결하게 정리했다. 그 짧은 피드백만으로도 나는 명료하게 말하는 법, 특히 구조화된 전달 방식이 얼마나 중요한지를 배울 수 있었다. 그동안 컨설턴트로서 익숙하다고 생각했던 커뮤니케이션 방식이, 언어와 문화가 다른 환경에서는 충분히 통하지 않을 수 있다는 것도 실감했다.

더 인상 깊었던 순간은 그다음이었다. 미팅을 마치기 직전, B는 이렇게 물었다.

"그런데 보경, 나랑 이야기할 때마다 왜 항상 긴장한 것 같지?"

나는 잠시 머뭇거리다 조심스럽게 입을 열었다.

"넷플릭스식으로 말해도 될까요? 정말 솔직하게요."(Can I be extremely candid?: 넷플릭스에서 흔히 사용하는 표현으로 직역하자면 "극단적으로 솔직하게 얘기해도 되나요?"이다.)

"사실 B 님께 피드백을 받을 때 표정이 좀 무서워요. 무슨 말만 하면 또 혼날까 봐 자꾸 움츠러들고, 하려던 말도 못 하게 돼요."

그는 웃으며 대답했다.

"솔직하게 얘기해줘서 고마워. 나도 너랑 이야기할 때 좀 더 웃고 편하게 말하려고 노력할게. 우리가 좋은 성과를 내려면 서로 상황을 숨기지 않고 공유하고 함께 답을 찾아야 하니까. 하지만 내 표정이 무섭다고 해서 화난 건 아니야. 그냥 원래 얼굴이 그래!"

그 짧은 대화는 오랫동안 기억에 남았다. 서로의 우려를 터놓고 나니, 이전보다 훨씬 편안하게 소통할 수 있었다. 그리고 그 경험은 중요한 깨달음을 주었다. 아무리 분석력이 뛰어나고 일에 열정을 쏟고 싶어도, 구성원들 사이에 '극단적 솔직함'과 신뢰가 없으면 그 열정은 조용히 식을 수밖에 없다.

'정직'은 조직 안에서 불편함을 동반한다. 특히 정치적 계산 없이, 면전에서 직접 이야기할 수 있는 정직함은 용기를 요구한다.

하지만 넷플릭스는 그 불편함을 감수할 가치가 있다고 믿는다. 정직은 곧 명확한 판단, 과감한 실행, 몰입의 토대가 된다. 숨기지 않고 공유하고, 정면으로 문제를 바라보고, 함께 해결책을 찾을 때 진짜 임팩트가 생긴다.

솔직한 사람에게 화를 낸다는 것은 용기 내어 건넨 마음을 짓밟는 일이다. 그런 분위기에서는 누구도 진심을 드러내지 않는다. 정직을 환영하는 문화만이 성장을 가능하게 한다.

넷플릭스 웨이

정직은 조직의 방화벽이다

넷플릭스가 내세우는 여덟 번째 핵심 가치인 '정직Honesty'은, 아이러니하게도 구성원의 실패를 드러내는 지표가 되기도 한다. 정직은 어떤 조직에서든 가장 기본적이고 보편적인 윤리이지만, 고성과 중심의 유연한 문화를 가진 넷플릭스 같은 기업에서는 오히려 실천하기 어려운 덕목이기도 하다.

외부 경영 컨설턴트의 시각으로 보면, 이는 개별 구성원의 문제라기보다 조직 시스템 자체에서 비롯된 구조적 한계에 가깝다. 다시 말해, 넷플릭스가 강점으로 삼고 있는 시스템이 오히려 정직함을 유지하기 어렵게 만드는 요인이 되기도 한다.

첫째, 고용의 안정성이 약하다.

넷플릭스는 "최고의 인재에게 최고의 대우를 제공한다"는 철학 아래, 언제나 현재의 그 자리에 있을 자격을 끊임없이 평가한다. 따라서 아침에 출근해서 슬랙을 열자마자 자신이 속한 조직이 사라졌다는 통보를 받거나, 점심을 먹고 돌아온 직후에 구조조정 혹은 인사 조치가 단행되는 일도 생길 수 있다. 이처럼 지속적인 긴장 상태는 구성원들에게 자기 자신도 언제든 그렇게 될 수 있다는 불안감을 심어준다.

둘째, 넷플릭스는 업계 최고 수준의 보상을 제공한다.

하지만 높은 연봉은 동시에, 그 자리를 잃었을 때 비슷한 조건을 다시 찾기 어렵다는 의미이기도 하다. 당장 회사를 떠나게 된다면, 연봉은 절반 이하로 줄고, 직무나 권한도 크게 축소된다. 이런 현실은 구성원들이 솔직함보다 자리를 지키기 위한 계산된 말과 행동을 택하게 만든다. 쉽게 해고될 수 있는 구조 속에서 최고의 대우를 받고 있다면, 누구든 그 자리를 최대한 오래 지키고 싶을 테니까.

셋째, 성과가 모호할수록 정직은 흔들린다.

넷플릭스는 유연하고 창의적인 업무 환경을 지향하며, 세부 KPI에 얽매이지 않는 성과관리 방식을 택하고 있다. 이는 구성원 개개인의 자율성과 창의성을 극대화하려는 조직 문화의 일환이다. 그러나 그 이면에는 뚜렷한 성과 기준의 부재로 인해 '나는 지금 잘하고 있는가?'에 대한 객관적인 확인이 어렵다는 문제가 따른다. 수치나 지표 대신, 상사나 영향력 있는 동료의 평가 같은 비공식적인 신호에 의존하게 되는 것이다.

이런 환경에서는 누군가 의사결정권자에게 자신의 성과를 부풀리거나, 반대로 동료의 성과를 축소해 보이려는 유혹을 느끼기 쉽다. 경쟁이 치열할수록 이런 행위는 은밀하게, 그러나 끊임없이 반복된다. 그 결과

'정직'이라는 핵심 가치는 정치적 생존 전략 앞에서 타협되며, 조직 문화 전반에도 부정적인 흔적을 남긴다.

나 역시 이런 환경에서 완전히 자유롭지 않았다. 어떤 날은 좋은 인상을 남기고 싶어 내 생각을 끝까지 말하지 못하거나, 말을 아꼈던 기억이 있다. 반대로 분명하지 않은 성과를 조금 더 부풀려 말하거나, 인정받고 싶은 마음에 과장된 표현을 사용했던 적도 있다. 솔직한 피드백을 준 동료에게 방어적인 태도를 취했던 기억도 있다. 물론 그 모든 순간이 내 성향의 문제만은 아니었다고 생각한다. 고성과를 지향하고 빠른 실행을 요구하는 유연한 조직 구조에서는 그런 태도가 일종의 자기방어로 작동하는 것이다.

그래서 '극단적 정직'을 조직 문화의 핵심 가치로 내세우는 기업일수록, 정직이 실제로 작동할 수 있는 안전장치를 제도적으로 갖춰야 한다는 것을 알게 되었다. 구성원이 자신의 상태를 익명으로 표현하고, 이를 인사 담당 파트너HRBP나 리더가 정기적으로 모니터링하는 시스템, '솔직한 대화'를 공식적으로 장려하고 보호하는 문화, 그리고 리더가 먼저 자신의 실패를 공유하며 심리적 안전지대를 형성하는 롤모델이 되어야 한다.

결국 넷플릭스가 말하는 '정직'이란 단순히 실수를 시인하거나 틀린 점을 지적하는 용기만을 의미하지 않는다. 불안한 상황에서도 정치적 이해관계를 걷어내고, 있는 그대로의 현실과 감정을 공유하며 함께 해결책을 찾는 태도다. 현명한 의사결정, 용기 있는 실행, 지속적인 열정은 모두 이 정직함이라는 기반 위에서만 의미 있게 작동한다.

목표도 규칙도 최소화된 자유로운 조직일수록, 정직은 선택이 아니라 필수다. 정직이 사라지면 그 자유는 정치 싸움과 자기방어로 바뀌고, 성과는 부풀려지며, 조직은 금방 흔들리게 된다. 넷플릭스가 말하는 '탁월한 성과'란, 이런 정직한 대화의 문화가 뿌리내린 곳에서만 가능하다. 그것은 개인의 성과가 아니라 구성원 전체가 함께 만든 결과다.

9 이타성
호기심과 만나면 임팩트가 된다

넷플릭스가 「문화 메모」에서 강조하는 9가지 핵심 가치 중 마지막은 '이타성Selflessness'이다. 영리를 추구하는 넷플릭스가 자선단체도 아닌데, 왜 이타성을 가치로 내세울까? 일반적인 기업 문화에서는 낯선 이 가치가 넷플릭스에서는 어떤 방식으로 작동하고, 또 어떤 성과를 만들어내는지 실제 경험을 바탕으로 풀어보겠다.

「문화 메모」에서 이타성은 다음과 같이 정의된다.

이타성
- 나보다 팀보다 넷플릭스에 최선인 선택을 한다
- 자존심을 내려놓고 최고의 아이디어를 찾는다
- 동료를 돕기 위해 시간을 낸다
- 숨김없이 적극적으로 정보를 공유한다

출처: 2009 Netflix Culture Memo Deck

경계는 없다, 먼저 움직이는 사람이 주인이다

2020년 전후, 「사랑의 불시착」, 「킹덤」 등의 드라마가 흥행하면서 한국 콘텐츠가 전 세계적으로 주목받았다. 그야말로 한국 콘텐츠 르네상스였다. 당시 나는 한국 시장의 고객 전략을 맡고 있었고, 빠른 성장세로 글로벌 조직 안에서도 관심이 집중되었다. 전 세계 다른 팀들도 이러한 이례적 성장세의 비밀을 주의 깊게 들여다보기 시작했다.

"한국처럼 성장하려면 뭘 해야 하지?"

그러던 중, 홍콩과 대만을 담당하던 마케팅 매니저 J가 나를 찾아왔다. 두 시장 모두 규모가 작았기 때문에, 당시에는 한국처럼 고객을 세분화하거나 가입자 확보 전략을 전담하는 인력이 따로 없었다. J는 마케팅 에이전시 출신으로 캠페인에는 익숙했지만, 고객 기반의 성장 전략에 대해서는 전략적 경험을 가진 사람과 함께 일하길 원했다. 그녀는 한국의 전략을 참고하고 싶다며 협업을 요청해왔다.

솔직히 말해, 다른 회사였다면 거절했을 것이다. 내 일도 바쁜데 남의 시장까지 신경 쓸 이유가 없었기 때문이다. 게다가 타 시장의 성과가 나의 성과와 직접 연결되지 않는 구조라면, 오히려 경쟁심이 생겼을 수도 있다. 하지만 그 순간 떠오른 문장이 있었다. 바로 회사가 핵심 가치로 내세우는 2가지 덕목, 바로 호기심과 이타성이었다. 그중에서도 가장 강하게 떠오른 문장은 이것이었다. 이 한 문장이 내 선택을 단숨에 바꿔놓았다.

"넷플릭스에 최선은 무엇이지?"

그러자 생각이 달라지기 시작했다.

'남들은 돈 내고 배운다는데, 나는 월급 받으며 대만과 홍콩 시장을 공부할 수 있으니 이보다 더 좋은 기회가 있을까? 회사에 기여하면서 동시에 내 역량도 키울 수 있다면, 이건 투자 이상의 성과다.'

호기심이 동했고, 나는 흔쾌히 시간을 내기로 했다. 리서치팀과 함께 대만·홍콩 고객 서베이와 FGI(포커스 그룹 인터뷰)를 기획했고, 한국 시장에서 쌓은 전략 인사이트를 J와 공유하기 시작했다.

J는 어느 날 이렇게 말했다.

"이런 건 돈 주고도 못 배워요. 한국팀은 확실히 한발 앞서 있네요. 부러워요."

그런데 더 흥미로웠던 것은 조사 결과였다. 대만·홍콩 고객은 한국과 전혀 다른 특성을 보였다. 예를 들어 한국에서는 애니메이션 팬들이 비교적 조용한 서브컬처 소비자였지만, 대만에서는 오히려 이들의 충성도가 가장 높고, 자발적으로 콘텐츠를 널리 알리는 핵심 이용자였다. 이 인사이트 덕분에, 한국에서는 비주류였던 타깃이 대만에서는 전략의 중심이 되었다. 기존의 성공 공식을 단순 복제하는 게 아니라 로컬에 최적화된 전략 수립으로 이어졌고, 결과는 분명했다.

역사상 최초로 백만 가입자 돌파!

이 프로젝트를 계기로 나는 한국 외에도 동북아 3개국을 추가로 맡게 되었고, 커리어의 또 다른 도약점을 마련할 수 있었다. '호기심'과 '이타심'이 '임팩트'를 만들어낸 것이다.

이 경험은 넷플릭스가 말하는 '이타성'이라는 덕목이 단지 도덕적 미덕이 아니라 실제 비즈니스 의사결정의 기준이 될 수 있음을 깨닫게 해주었다.

보통의 회사라면 이렇게 말할 것이다.

"이건 그쪽 팀 일이죠."

"우리 팀에 도움도 안 되는데요."

그렇다고 해서 비정상도, 비도덕도 아니다. 대부분의 기업 구조와 보상 시스템이 그렇게 하도록 설계되어 있기 때문이다. 심지어 경쟁이 심하면 '방해'까지 전략이 되기도 한다.

그러나 넷플릭스는 다르다.

혼란스러울 때, 단 하나의 기준만 제시한다.

'넷플릭스에 무엇이 최선인가?'

그리고 그 기준이 작동할 수 있도록, 평가와 보상의 구조부터 다르게 설계한다. KPI 숫자 하나에만 성과를 걸지 않고 지역 간 협업과 장기적 기여를 정성적으로 반영하는 구조다.

넷플릭스가 말하는 '이타성'은 따뜻한 감정에서 비롯된 도덕률이 아니다. 좁은 성과주의의 틀을 깨고, 경계를 넘어서는 협업을 유도하는 구조적 장치이자 고도의 전략이다.

'내 성과'만 생각하는 사람은 아무리 실적이 뛰어나도 함께 갈 수 없다. 반대로, 진짜 현명한 판단을 내리는 사람은 언제나 기준을 '나'가 아니라 '넷플릭스'에 둔다. 호기심은 많지만 이타심이 없는 사람은 옆 팀의 정보를 자기만을 위해 사용하거나, 경쟁적으로 활용할지도 모른다.

이처럼 이타심은 '함께 잘되기'를 진짜로 원하는 사람만이 가질 수 있는 전략적 자산이다. 그리고 그 자산은, 언젠가 반드시 더 큰 임팩트로 돌아온다.

넷플릭스 웨이

'우리 팀 성과'만으로는 불가능하다

넷플릭스가 강조하는 '이타심Selflessness'은 듣기엔 그럴듯하다. 그러나 막상 일반 기업에 적용하려면 곧바로 벽에 부딪힌다. 문화와 평가가 충돌하기 때문이다.

일반 기업 대부분은 개인별로 정량 목표KPI를 설정하고, 그 달성률로 승진과 보상이 결정된다. 자연스럽게 '우리 팀'의 이익이 '회사 전체'보다 우선되는 구조가 자리 잡는다.

"우리 일부터 잘하자."

"타 부서까지 챙기다가는 우리 실적 떨어진다."

이런 말들이 회의실에서 아무렇지도 않게 오간다. 그래서 많은 기업들이 해법으로 '공동 KPI'를 도입한다. 예를 들어 '전사 매출 기여'나 '타 부서 협업 점수'처럼 조직 전체의 성과를 공유하는 방식이다.

하지만 현실은 다르다. 책임은 분산되고, 기준은 애매하다. 도움은 주었는데, 정작 평가에는 반영되지 않는 경우가 비일비재하다.

'내가 왜 도왔더라?' 이런 생각이 들면, 다음번엔 손이 가지 않는다. 결국, 이타심을 조직 문화로 녹여내려면 시스템부터 달라져야 한다. '우리 팀의 성과'가 아니라 '우리 모두의 성과'를 어떻게 평가하고 보상할 것인가? 핵심은 2가지다.

첫째, 유연한 평가 체계. 소속이나 영역을 넘어선 협업을 정성적으로 반영하고, 숫자가 아니라 '기여도'를 기준으로 판단하는 시스템이다.

둘째, 장기적 유인 장치. 스톡옵션이나 장기성과 보상 등 회사의 성장에 따른 보상을 개인에게 귀속시킬 수 있는 구조. '내가 도운 일'이 '내가 성장하는 길'이 되어야 이타심은 지속된다.

하지만 냉정하게 생각해보자. 이 구조를 바로 적용하기 어려운 회사도 많다. 고성과자 풀이 부족한 조직, 개인의 영업 실적이 인센티브의 전부인 구조, 이타심을 발휘하지 않아도 조직에서 살아남는 시스템, 이런 곳에서는 이타적 협력이 배척당하기 쉽다. 그래서 질문은 하나로 모아진다.

"우리 조직에서 가능한 최선의 이타적 구조는 무엇인가?"

정답은 없다. 그 대신 조직의 특성, 인력의 성향, 비즈니스 모델에 맞는 설계가 필요하다. 성과 중심의 메리토크라시(능력주의)를 유지하되, '협력의 가치를 수치화'하고 '개인의 성과를 넘어선 기여'를 인정할 수 있는 평가 체계를 설계하는 것, 그게 첫걸음이다.

결국, 이타심은 미덕이 아니라 전략이다. 서로 돕는 문화는 그냥 생기지 않는다. 서로 도와야 내게도 이익이 되도록 시스템을 설계할 때, 협업의 마음은 성과의 수단이 된다.

1부 결론
| 넷플릭스 웨이의 본질 |

세계적 탁월함을 만드는 9가지 순환 엔진

넷플릭스를 설명할 때 자주 인용되는 말이 있다.
"최고의 복지는 최고의 동료와 일하는 것이다."

겉으로 보기엔 흔한 말처럼 들릴 수 있다. 하지만 실제로 이 문장은 넷플릭스의 조직 문화를 관통하는 핵심 원칙이다. 넷플릭스는 '자유와 책임'을 기초로 운영된다. 이 철학 아래, 창업자는 9가지 핵심 가치를 제시했다. 각각은 독립적인 덕목이 아니라 서로를 밀어주고 끌어주며 하나의 순환 고리를 만든다. 이 덕분에 넷플릭스는 개인의 자율성과 조직의 성과를 동시에 끌어올리는 독특한 시스템을 갖출 수 있었다.

모든 시작점은 판단력이다. 넷플릭스는 구성원의 '현명한 판단Judgement'을 최우선 가치로 둔다. 하지만 아무리 똑똑한 사람이라도 혼자 내리는 판단에는 한계가 있다. 그래서 넷플릭스는 열린 소통Communication, 끝없는 호기심Curiosity, 그리고 이타성 Selflessness을 함께 요구한다. 다른 의견에 귀를 기울이고, 더 나은 질문을 던지며, 내 업무가 아니어도 조직 전체의 최선을 위해 협력하는 태도는 판단력을 더 정확하게 만든다. 이런 환경에서는 개인의 시야가 넓어지고, 시야가 넓어지면 더 나은 결정이 가능해진다.

좋은 판단은 새로운 아이디어로 이어진다. 조직 안에 정답만 존재하는 분위기에서는 창의성이 자라기 어렵다. 넷플릭스는 기존 방식을 의심하고, 더 나은 방법을 시도하는 문화를 지향한다. 이런 시도를 가능하게 하는 덕목이 용기Courage다.

하지만 용기에는 실패가 따른다. 실패를 감내하려면 동력이 필요하다. 넷플릭스는 그 동력을 열정Passion에서 찾는다. 끊임없이 시도하고, 넘어지고, 다시 일어서는 과정을 뒷받침하는 연료가 바로 열정이다.

또한, 이 열정이 방향을 잃지 않으려면 솔직한 피드백이 필요하다. 서로 다른 의견을 솔직하게 주고받을 수 있어야 하며, 잘못된 방향은 빠르게 바로잡아야 한다. 그래서 넷플릭스는 정직Honesty을 조직의 토대로 삼는다. 감정을 숨기지 않고 불편하더라도 사실을 말할 수 있는 분위기가 기본이다.

이 모든 흐름은 순환한다.

좋은 판단 → 열린 협력 → 창의적 실행 → 지속 가능한 도전 → 신뢰 기반 피드백 → 더 나은 판단.

이 순환이 계속 이어질 수 있도록, 넷플릭스는 문화뿐 아니라 시스템까지 정교하게 설계했다.

평가와 보상은 지역 성과에만 매이지 않는다. KPI 하나만으로 사람을 판단하지 않는다. '키퍼 테스트Keeper's Test'(상사가 팀원 각각에 대해 스스로에게 정기적으로 던지는 질문이다. "이 사람이 오늘 회사를 떠난다고 하면 나는 그를 지키기 위해 싸우고 싶은가?") 같은 유연한 고용 정책, 업계 최고 수준의 보상, 규칙 최소화 등 실질적 운영 장치가 그 기반을 받쳐준다.

넷플릭스 구성원은 지시받고 따르는 사람이 아니다. 각자가 스스로 생각하고, 판단하고, 실행하는 '작은 경영자'다. 이런 사람들이 모였기에 넷플릭스는 세계 최고의 엔터테인먼트 기업으로 성장할 수 있었다.

NETFLIX

2부

세계에서 가장 거대한 스타트업

자유와 책임으로 움직이는 초고성과 조직

INSIDE

4장

적당히는 없다: 넷플릭스식 초고성과의 조건

넷플릭스는 평범한 '열심형' 인재를 원하지 않는다. 누구나 낼 수 있는 '그럭저럭 괜찮은 성과'는 이 조직에선 충분하지 않다. 이 회사가 기대하는 인재는 단 하나—탁월한 결과를 내는 사람, 다시 말해 초고성과자 High Performer다.

이런 기준은 단순한 미사여구가 아니다. 실제로 넷플릭스는 그럭저럭 괜찮은 수준이라면, 과감히 작별 Let-Go을 선택한다. 냉정해 보일 수 있지만, 이 철학이 넷플릭스를 빠르고 지속적으로 성장시키는 핵심 엔진이다.

초고성과 문화는 넷플릭스가 중시하는 9가지 가치가 서로 맞물려 돌아가는 선순환 구조의 중심축이다. 한 명의 초고성과자가 주변의 에너지까지 끌어올리고, 결국 팀 전체의 수준이 높아진다.

여기서 중요한 점이 있다. 넷플릭스는 초고성과를 개인의 역량만으로 정의하지 않는다. 진짜 고성과는 혼자 잘하는 것이 아니라 팀 전체의 성장과 협력을 만들어내는 힘이라고 믿는다.
 이 문화 속에서 살아남는 사람은 이렇게 말한다.
 "나 혼자 잘하는 것만으로는 부족하다. 함께 잘해야 한다."

 넷플릭스가 말하는 초고성과란, 단순히 일을 빠르게 처리하는 기술이나 태도에 그치지 않는다. 문제를 본질적으로 해결하고, 자신의 성과를 넘어 동료들의 퍼포먼스까지 끌어올리는 사람, 바로 그런 이들이 남는다.

> 우리는 가족이 아니라 팀이다.
> 어린이 동호회가 아닌 프로 스포츠팀처럼 일한다.
> 넷플릭스의 리더는 최고의 인재를 채용하고, 키우고, 필요할 땐 정리한다. 모든 포지션에 스타를 두기 위해서다.

출처: 2009 Netflix Culture Memo Deck

넷플릭스의 조직 구성의 철학: "우리는 스포츠팀이다"

"우리는 가족이 아니다, 프로팀이다"

 많은 회사는 직원들을 '가족'이라고 부른다. 따뜻한 말이다. 충성심과 소속감을 강조하기에도 좋다.
 하지만 넷플릭스는 단호하게 말한다.
 "우리는 가족이 아니다, 프로 스포츠팀이다."

가족은 안정과 보호를 전제로 한다. 하지만 넷플릭스는 성과와 탁월함을 중심으로 돌아가는 조직이다. 대졸 신입을 뽑아 수년간 키워내고, 장기적으로 함께하길 바라는 전통적인 기업과는 출발선부터 다르다.

넷플릭스가 지향하는 조직 모델은 "최고의 실력자들로만 구성된 스포츠팀"이다. 이 팀의 감독은 따뜻한 보호자가 아니라 실력에 따라 냉정하게 선수를 기용하고 교체하는 프로 스포츠 감독과 같다.

입사 초기, 내가 맡은 첫 프로젝트는 '가입자 해지율' 개선이었다. 아시아 전체를 총괄하던 상사 A는 나의 직속 리더였고, 나는 한국 시장을 담당했다. 당시 나는 자신감이 넘치던 시기였다. 이전 직장인 BCG 컨설팅사에서 고객 이탈 방지 전략을 수없이 다루어봤고, 해지 방어에 관한 노하우도 많이 축적했다고 생각했기 때문이다. 많은 소비재 기업, 보험회사, 케이블티비 회사 등과 일하며 고객들을 괴롭혀(?) 서비스 해지를 까다롭게 하는 방법들을 많이 연구했다.

어느 날, 서울의 마케팅팀과 미국의 엔지니어들이 함께 참여한 화상 회의에서 나는 과감히 입을 열었다. 당시 나는 넷플릭스에 입사한 지 3개월 정도밖에 되지 않았지만, 용기를 내어 한국의 기업들이 사용하는 해지 방어 프로그램들을 소개했다.

"해지 버튼은 일부러 찾기 어렵게 만들어져 있고, 클릭도 여러 번 해야 하죠. 회색 글씨로 눈에 띄지 않게 처리하기도 하고요. 해지를 시도하면 몇 번이나 왜 해지하는지를 묻습니다. 마지막에는 콜센터로 넘어가고, 해지 방어 전담팀에서 고객이 전화를 끊을 때까지 온갖 회유와 압박을 합니다. 위약금 이야기, 장비 반납 비용, 다른 가족 명의로 계정 이전 제안까지. 우리도 이런 방법을 써보는 건 어떨까요?"

지금 돌이켜보면, 용기는 냈지만 준비는 부족했다.

회의가 끝난 직후, A가 나를 따로 불렀다. 그리고 이렇게 말했다.

"보경, 아이디어를 낸 용기는 정말 훌륭했어. 그런데 넷플릭스는 프로 스포츠팀이야. 오늘 회의에 있었던 사람들, 다 10년 이상 이 분야에서 잔뼈가 굵은 전문가들이야. 고객 서비스, 소비자 연구, UX, 브랜드…… 다들 시장에서 최고로 인정받는 실력자들이지. 우리가 그동안 어떤 실험을 했는지, 어떤 시도를 무엇 때문에 중단했는지를 알지 못한 채 제안을 던지는 것은 프로 세계에선 설득력이 약해.

넷플릭스는 이미 지난 10년간, 네가 떠올린 전략들을 대부분 시도해봤고, 데이터를 통해 더 나은 방향을 찾아왔어. 그러니 다음부터는 과거 사례를 더 깊이 파악하고, 어떤 전략을 왜 하지 않기로 했는지 그 맥락까지 이해한 다음, 제안해줬으면 해. 여긴 아마추어 리그가 아니거든. 다들 진짜 프로야."

그날, 얼굴이 화끈거렸다. 회의에 참석했던 멤버들의 프로필을 떠올렸다. 고객 경험 전문가, 글로벌 브랜드 디렉터, UX 설계자. 모두 각자의 분야에서 10년 넘게 실전을 누벼온 베테랑이었다.

나는 그런 사람들 앞에서, 얕은 지식과 과거 경험만으로 해결책을 내세운 셈이었다. 넷플릭스가 '가족'이 아니라 '프로팀'을 자처하는 이유를 그제야 실감했다. 이곳에서 용기란, 맥락을 꿰뚫고 전략을 설계할 수 있을 만큼 준비된 사람에게만 의미가 있다.

따뜻한 보호보다 탁월함이 우선인 조직, 그것이 넷플릭스가 말하는 '프로 스포츠팀' 철학이다.

최고의 복지는 '최고의 동료'다

그런데 이 피드백 이후, 놀라운 일이 이어졌다.

회의에 함께했던 업계 최고 수준의 전문가들이 나에게 따로 연락을 해온 것이다.

각자 지난 10년 넘게 겪은 실전 경험, 실험 전략, 실패 이유

등을 하나하나 설명해주었다. 나의 제안이 왜 넷플릭스의 방향성과 맞지 않는지, 어떤 점에서 이미 테스트를 마친 내용이었는지를 진심 어린 태도로 전해주었다.

그 순간, 나는 깨달았다. 가족 같은 회사는 따뜻한 안정감을 주지만 프로팀 같은 조직은 나를 낯선 깊이로 이끌며, 압도적인 성장의 기회를 제공한다. 넷플릭스는 바로 그 성장의 순간을 최고의 복지로 여기는 조직이다.

최고의 복지는 멋진 사무실도, 공짜 맥주도, 사내 미용실도 아니다. 넷플릭스가 자랑하는 단 하나의 복지, 그것은 '훌륭한 동료들Stunning Colleagues'이다. 이들과 함께 일하며, 더 나은 질문을 던지고, 더 정교한 판단을 내릴 수 있게 되는 것…… 그 경험 자체가 최고의 인재에게는 가장 큰 보상이다. 최고의 동료들과 함께 일하며 실력을 끌어올릴 수 있는 환경, 그것이야말로 넷플릭스를 지탱하는 핵심 철학이다. 넷플릭스는 그 여정을 돕는 환경을 '복지'로 정의한다.

> 왜 우리는 성과에 집착할까?
> 좋은 회사란, 끝내주는 동료가 있는 곳이니까

출처: 2009 Netflix Culture Memo Deck

초고성과의 중요성 – "초고성과자가 최고의 일터를 만든다"

이런 맥락에서 넷플릭스는 수많은 기업이 추구하는 '쿨한 복지'에 회의적이다. 눈길을 끄는 복지보다 중요한 것은 함께 일하는 사람의 수준이기 때문이다. 그래서 넷플릭스는 최고의 스포츠팀을 구성하기 위해 최고의 인재를 등용하고, 그에 걸맞은 대우를 제공한다.

하지만 여기엔 중요한 전제가 있다. 모든 인재가 항상 기대에 부응하는 것은 아니다. 아무리 뛰어난 사람이라도, 팀워크를 해치거나 성과가 기대에 미치지 못하면 조직 전체의 역량을 떨어뜨릴 수 있기 때문이다. 바로 이 지점에서, 넷플릭스는 조직의 수준을 유지하기 위한 독특한 철학을 적용한다.

키퍼 테스트: "이 사람을 위해 싸울 것인가?"

"이 사람을 끝까지 지켜내고 싶다고 말할 수 있는가?"

보통 기업의 구조 조정은 '하위 10퍼센트'를 골라내는 식이다. 하지만 넷플릭스의 인력 전략은 정반대다.

"우리 회사가 어렵기 때문에 누구를 내보내야 한다"가 아니라 "지금 이 구성원이 최고의 인재인가? 이 사람을 무조건 지켜야 할 이유가 있는가?"를 끊임없이 자문한다. 이것이 바로 넷플릭스가 실천하는 "키퍼 테스트Keeper's Test"다.

팀장은 자문한다. "이 팀원이 경쟁사에서 러브콜을 받는다면,

나는 그를 붙잡기 위해 회사와 싸울 준비가 되어 있는가?" 조직장들Hiring manager은 조직원에 대하여 늘 키퍼 테스트를 하고, 최고의 조직을 만들라는 미션을 부여받는다. 바로, 이 질문을 늘 던지는 것이다.

그 답이 "그렇다"가 아니라면, 이별을 고려하라는 것이 넷플릭스의 방식이다. 단지 평판이 좋은 사람, 어느 정도 잘하는 편이라면 이 기준에 부합하지 않는다. 넷플릭스는 '제법 괜찮은 수준'에는 미련이 없기 때문이다.

팀 전체를 끌어올릴 수 있는 결정적 존재만이 이 팀에 남는다. 그것이 넷플릭스가 최고의 스포츠팀을 유지하는 방법이다.

> 매니저가 매일 던지는 질문은 이것이다
> 이 사람이 두 달 뒤 경쟁사로 간다면, 나는 붙잡고 싶을까?

출처: 2009 Netflix Culture Memo Deck

키퍼 테스트 질문 - "꼭 지켜야 할 사람인가?"

이 질문에 선뜻 "그렇다"라고 대답하지 않더라도 대부분의 기업에서는 큰 문제가 되지 않는다. "더 좋은 곳이 있으면 가는 거고, 아니면 남는 거지"라는 분위기가 일반적이다. 예컨대 내가 일했던 BCG나 맥킨지처럼 세계 정상급 컨설팅 회사에서도,

구성원이 무난한 성과를 내고 있다면 자리를 유지하는 데 큰 어려움이 없다.

하지만 넷플릭스는 다르다.
"꼭 붙잡아야 할 정도는 아니야"라는 판단이 내려지면, 대부분 넉넉한 퇴직 보상과 함께 이별을 선택한다. 지금 당장의 공백보다 '훌륭한 동료'로 가득한 조직을 유지하는 것이 더 중요하기 때문이다.

넷플릭스에는 '정기 인사'라는 개념이 없다.

그 대신, 언제든 필요에 따라 조직을 빠르게 바꾸는 유연한 시스템이 작동한다. 새 전략, 새 기술 도입, 팀 구조의 재편 등 변화가 있을 때, 불필요한 역할은 곧바로 정리된다. 넷플릭스 불안증Netflix Anxiety이 회자되는 이유다. 다른 기업에서는 성과가 좋은 직원이라면 소속팀이 사라지더라도 다른 자리를 만들어주며 함께 가는 경우가 많다. 특히 한국이나 일본의 대기업처럼 고용 안정성이 중시되는 문화에서는 더욱 그렇다.

하지만 넷플릭스는 "꼭 필요한 역할에 최고의 인재만을 배치한다"는 원칙을 철저히 지킨다. 가령 이런 식이다. 도루를 잘하는 선수가 팀에 있었지만, 팀 전략이 '안타 중심'으로 바뀌었다면 대부분의 기업은 그 선수에게 새로운 타격 훈련을 시키며 함께 가는 길을 찾는다. 반면 넷플릭스는 '좋은 도루 선수'에게는 신사적으로 작별을 고하고, 시장에서 안타 타율이 가장 높은 선수로 라인업을 교체한다. 냉정하지만, 프로 스포츠팀이라면 당연한 결정이다.

그래서 자연스럽게 습관이 생긴다.

매일 아침 이메일을 먼저 확인한다. 오늘 또 어떤 변화가 있을까? 내가 맡은 역할은 여전히 팀에 꼭 필요한가? 내가 이 프로팀에 계속 남을 만큼 충분히 기여하고 있는가?

넷플릭스에서 보낸 매일매일, 나 역시 이런 질문에서 자유로울 수 없었다. 최고의 선수들만이 최고의 보상으로 운영되는 팀. 그 안에서 살아남는다는 것은 실력뿐 아니라 마음의 무게까지 감당해야 하는 일이다. 동시에, 그 무게 덕분에 모두가 더 집중했고, 더 빨리 움직였으며, 더 크게 성장할 수 있었다.

넷플릭스 웨이

유연한 조직은 모두를 다르게 일하게 만든다

넷플릭스의 '프로 스포츠팀' 모델은 분명 강력하다. 초고성과 인재만으로 조직을 구성하고, 성과가 기대에 못 미치면 과감히 이별하는 구조는 효율성과 경쟁력을 동시에 잡는 방식이다. 하지만 이 시스템을 모든 기업이 그대로 적용하긴 쉽지 않다.

1. 유연성에는 '대가'가 필요하다

이 모델의 핵심은 극단적인 유연성이다. 문제는, 이 유연성에는 반드시 전제가 따라야 한다. 바로 업계 최상위 수준의 보상이다.

"최고의 인재만 남긴다"는 철학은, 그들에게 '불확실성조차 감수할 만한 가치'를 제공할 수 있을 때만 성립한다. 시장 최고의 인재들은 언제나 러브콜을 받는다. 그들에게 수시로 팀이 바뀌고, 구조가 바뀌는 불안정한 환경을 제시하려면 그 리스크를 충분히 보상할 수 있는 연봉, 성장 기회, 브랜드 파워가 뒷받침되어야 한다.

'극단적 유연성'과 '최고 대우'는 동전의 양면이다. 이 균형이 무너지면 인재는 떠나고 조직은 흔들린다. 넷플릭스가 이 모델을 실현할 수 있었던 이유는 글로벌 콘텐츠 산업에서 전 세계 인재들과 경쟁하면서도 그에 상응하는 보상과 명성을 동시에 제공할 수 있었기 때문이다.

현실적으로 이 구조를 완전히 재현할 수 있는 조직은 일부 월스트리트 헤지펀드, 글로벌 테크 기업처럼 자본과 브랜드를 모두 갖춘 극소수뿐이다.

2. 산업 구조에 따라 맞지 않을 수 있다

더 근본적인 한계는 산업 구조 자체에 있다. 예를 들어 제조업이나 에너지 산업처럼 안정성과 지속 가능성이 중요한 산업에서는, 유연성보다 장기 근속과 일관된 운영에 더 큰 가치를 부여한다. 이들 산업의 핵심 자산은 평균 이상의 성과를 지속적으로 내는 숙련된 인력이다. 이들에게는 단기 창의성보다는 오랜 기간 현장을 지키며 시스템을 멈추지 않게 하는 책임감을 더 기대한다. 이런 맥락에서는 넷플릭스식 초고성과 모델이 반드시 정답일 수 없다.

넷플릭스도 이를 알고 있다. 고객센터 운영, 기술 유지보수 등 표준화된 운영이 중요한 영역은 과감히 외주화outsourcing한다. 반면 전략, 크리에이티브, 제품 혁신처럼 '탁월함'이 필요한 영역은 내부 인재로 집중한다.

결과적으로 넷플릭스는 약 1만 4천 명의 직원(2024년 기준)으로 시가총액 750조 원을 넘어섰다. 이는 삼성전자(약 12만 명, 시가총액 약 400조 원), 도요타(약 37만 명, 시가총액 약 310조 원)와 비교해도 확연히 작은 수치다. 최소 인력, 최대 성과. 그 전략은 바로 '선택적 고성과 인재 운용'에 있다. 넷플릭스의 조직은 정예 인력만을 선별해 구성되며, 이들에게는 최고 수준의 성과를 요구하고 그에 걸맞은 보상이 뒤따른다(2024년 기준으로 넷플릭스의 연 매출은 약 390억 달러이며, 이는 직원 1인당 약 300만 달러, 즉 42억 원 수준이다—편집주).

넷플릭스 모델이 모든 기업에 맞지는 않지만, 다음 두 질문을 던져보면 우리 조직에 맞는 방향을 찾을 수 있다.

1. 우리 산업에서 진짜 '탁월함'이 필요한 기능은 무엇인가?
2. 그 탁월함을 유지하기 위해, 우리는 업계 최고 수준의 대우를 제시할 수 있는가?

이 질문에 '예'라고 답할 수 있는 영역이 있다면, 거기서부터 넷플릭스식 조직 실험을 일부 제한적으로 도입해볼 수 있다. 반대로, 그렇지 않은 영역은 오히려 안정성과 관계 유지가 더 중요한 성과 요인일 수 있다. 중요한 점은 모두가 똑같이 일하는 조직이 아니라 각 기능의 성격과 목표에 따라 다르게 일하는 조직을 설계하는 것이다. 그 유연성 자체가 어쩌면 넷플릭스 창업자들이 진정으로 추구해온 조직 문화의 본질일지도 모른다.

5장

자유는 특권이 아니다:
책임이 묻어 있는 권한

넷플릭스의 대표 문화로 가장 널리 알려진 개념은 단연 '자유와 책임Freedom & Responsibility'(이하 F&R)이다.

리드 헤이스팅스의 저서 『규칙 없음』을 통해 전 세계에 소개된 이 철학은 단순한 구호가 아니다. 실제로 넷플릭스 구성원들은 이를 조직 운영의 근간으로 여긴다. 「문화 메모」는 F&R에 대해 이렇게 요약한다.

- 우리는 성장할수록 규칙을 줄인다
- 탁월한 초고성과자와 함께 일정 수준의 혼돈chaos을 감수한다
- 유연함은 장기적으로 효율성보다 더욱 중요하다

출처: 2009 Netflix Culture Memo Deck

실제로 내가 BCG를 떠나 넷플릭스에 합류한 이후, 가장 많이 받은 질문도 이것이었다.

"근데, 그게 진짜로 가능해요?"

대부분의 넷플릭스 관련 책들은 '자유와 책임' 문화의 필요성과 정당성에 초점을 맞춘 경우가 많다. 넷플릭스의 공식 「문화 메모」 역시 같은 맥락이다. 기업이 성장하면서 구조는 비대해지고, 복잡성은 커진다. 이를 통제하기 위해 규칙과 프로세스가 늘어나고, 그럴수록 초고성과자들이 지닌 '경계 없는 호기심Curiosity'과 '혁신적 창의성Innovation'은 점점 위축된다. 결국 조직은 창의성을 억누른 대가로, 통제가 아닌 혼돈Chaos을 맞게 된다는 것이 넷플릭스의 진단이다.

하지만 F&R의 진짜 의미는 '혼돈 속에서도 스스로 판단하고 행동할 수 있는 힘'을 어떻게 조직 안에 구현할 것인가에 있다.

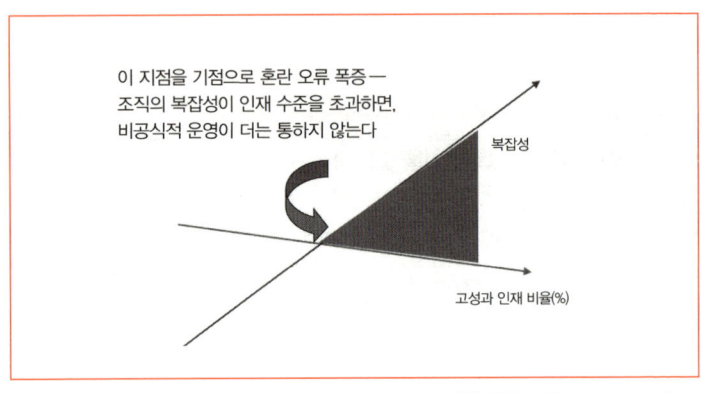

출처: 2009 Netflix Culture Memo Deck

조직의 복잡성 증대와 혼돈의 관계

거부할 자유, 감수할 책임

어떤 국가의 시장에서 있었던 일이다.

A는 창의적인 아이디어로 정평이 나 있던 현장 실무자였다. 그는 가입자 유치 활동의 일부 기능을 담당했고, 나는 기획팀으로 해당 활동의 효과를 분석하고 평가하는 역할을 맡았다. 그는 나보다 회사를 오래 다녔고, 회사 내에서는 언제나 톡톡 튀고 독특한 아이디어를 제안하는 사람이었다.

앞서 말했듯 넷플릭스는 목표도, 프로세스도, 정해진 규칙도 없는 조직이다. 이 안에서 전문가들은 각자의 판단에 따라 창의적인 시도들을 해왔다. A도 예외는 아니었다. 하지만 당시엔 이런 시도들이 실제로 어떤 효과를 내는지 함께 분석하고 발전시킬 공통의 툴이 없었다.

미국 본사는 약 1년에 걸쳐 외부 웹크롤링 업체와 협업해, 현장 인력들이 자신의 성과를 스스로 측정할 수 있는 툴을 개발했다. 핵심은 '컨버세이션 마케팅'을 정량화하는 것이었고, 이는 엔터테인먼트 업계에서 사실상 세계 최초의 시도로 평가된다. 그동안 아이디어의 실행 효과는 '블랙박스'처럼 남아 있었지만, 이 툴을 통해 성과를 수치화하고 다음 프로젝트의 정교화를 가능케 하는 체계적 기반이 마련되었다. 여전히 성과 목표는 두지 않았지만, 평가 지표 자체가 없던 부서들에게는 이 툴이 반가운 변화이자 동시에 낯선 압박으로 다가왔다.

A는 툴의 시범 운영이 시작되자 곧바로 사용 거부 의사를 밝혔다.

"저에게는 저만의 평가 방식이 있습니다. 제 판단에 따라 이 툴은 쓰지 않겠습니다."

막대한 예산이 투입된 글로벌 본사의 공식 툴, 그것도 현장 조직의 성과를 정량화하기 위한 핵심 프로젝트를 한 동아시아 실무자가 거부한다는 것은 일반적인 기업이라면 상상하기 힘든 장면이었다.

이 발언은 파장을 불러일으켰다. 다른 동료들 일부도 "남들 쓰는 거 보고 결정하겠다"며 불참 선언에 동참했다. 나를 포함한 몇몇 국가의 전략 담당자들은 이 상황을 본사에 보고했고, 미국 본사의 반응은 예상을 완전히 벗어났다.

"현장 전문가의 판단을 존중합니다. 필요하다고 느끼는 사람부터 먼저 사용하게 하세요."

당시 프로젝트를 총괄한 미국인 부사장 S는 이렇게 말한 후 덧붙였다.

"우리가 만든 툴이 틀렸을 수도 있어요. 불필요한 프로세스를 만들어낸 것일 수도 있고요. 규칙처럼 강제하지 말고, 정말 필요하다고 느끼는 사람이 자발적으로 받아들일 수 있도록 개선해갑시다."

이는 넷플릭스가 추구하는 '정직'과 '이타심'의 조직 문화를 그대로 보여준다. 정답일 수 있다는 확신보다 틀렸을 수 있다는 가능성을 먼저 받아들이는 태도 말이다.

결국 툴은 절반은 사용, 절반은 거부라는 다소 불완전한 상태로 시범 운용에 들어갔다.

하지만 흥미로운 결과가 나타났다. 툴을 피드백 도구로 활용한 구성원들은 점차 더 나은 성과를 내기 시작했다. 자신의 아이디어를 수치로 검증하며, 다음 프로젝트를 더 정교하게 설계했던 것이다. 반면, 변화를 끝내 거부한 이들은 점차 성과가 뒤처지기 시작했다. 그리고 일부는 결국 지속된 저성과를 이유로 조직을 떠나게 되었다.

이 사례는 넷플릭스가 말하는 '자유와 책임'이 단순히 자율성을 미화하는 구호가 아님을 보여준다. 이곳에서의 자유는 성과와 태도에 따라 결과를 분명히 감수해야 하는 구조 위에 서 있다. 자유의 크기만큼 책임의 무게도 결코 가볍지 않다.

법카 무제한, 휴가 무제한: 진짜 자유가 통제보다 강한 이유

'자유와 책임' 문화에서 많은 경영진이 가장 충격을 받는 지점은 바로 이것이다.

"진짜로 법인카드에 한도가 없다고요?"

"휴가 일수 제한이 없다니, 그게 가능한 얘기입니까?"

넷플릭스의 「문화 메모」는 이렇게 말한다.

"탁월한 인재에게 맥락Context을 제공하면 제약은 필요 없다."

성과를 내는 사람에게 불필요한 제한을 걸면 오히려 방해가 된다는 뜻이다.

하지만 이 얘기를 처음 들은 많은 리더의 반응은 비슷하다.

"그럼 누군가는 법인카드로 가족 외식을 하진 않을까요?"

"재택한다고 하고 수영장에 있을 수도 있잖아요?"

"정말 문제 없습니까? 너무 이상적인 얘기 아닌가요?"

놀랍게도 넷플릭스에서는 이런 일이 거의 일어나지 않는다. 밤늦게까지 일한 후엔 샌드위치 하나로 끼니를 때우고, 출장도 꼭 필요할 때만, 가능한 한 경제적으로 다닌다. 휴가 역시 일을 미루면서까지 떠나는 분위기는 아니다.

자유는 충분하지만, 그 자유를 남용하지 않는 분위기.

넷플릭스의 '자유와 책임'이 현실에서 작동하는 이유는 단순한 신뢰 문화 때문이 아니다. 그 아래에는 2가지 강력한 보완 장치가 함께 움직인다.

첫째는 업계 최고 수준의 보상이다. 다른 회사에서 쉽게 따라올 수 없는 수준의 연봉과 혜택을 제공함으로써, 넷플릭스는 구성원들에게 '이 자리를 지킬 가치'를 만들어낸다.

둘째는 냉정한 '키퍼 테스트'다. 임팩트가 부족하거나, 판단력을 의심받거나 넷플릭스의 이익과 충돌하는 선택을 한 경우, 지위와 관계없이 즉시 이별 통보를 받는다. 그 순간부터 업계 최고 수준의 연봉도 더 이상 자기 것이 아니다.

이 두 축이 만들어내는 긴장 속에서, 대부분의 구성원은 몇만 원짜리 저녁값이나 비싼 항공권 한 장에 자신의 보상과 평판, 커리어 전체를 걸지 않는다.

"내가 지금 내리는 이 결정이 넷플릭스에 도움이 되는가?"

이 질문은 넷플릭스 구성원들이 스스로에게 반복해서 묻는 기준점이 된다.

물론 예외는 있다.

가끔 외부 미팅에서 과하게 비싼 와인을 주문하거나, 법인카드로 사적인 물품을 결제하거나, 불필요하게 비싼 항공권을 쓰는 사례가 발생한다. 하지만 넷플릭스는 직위나 정치적 위치에 관계없이 이런 '현명하지 못한 판단'에 대해 단호하게 이별을 통보한다. 오히려 그것이 조직의 유연성을 지키고, 문화의 긴장감을 유지하는 장치로 기능한다.

'규칙 없음'은 곧 '무질서'를 의미하지 않는다.

오히려 그 반대다. 규칙이 적을수록 그 자리를 메우는 것은 개인의 판단력과 책임감이다. 넷플릭스는 조직이 커지고 복잡해질수록 더 많은 규칙으로 통제하려 하지 않는다. 그 대신, 구성원 스스로 현명한 결정을 내릴 수 있도록 '맥락'을 꾸준히 제공한다. 그리고 구성원 각자가 자신의 선택이 정말 '넷플릭스를 위한 최선인지'를 스스로 되묻도록 유도한다.

중요한 것은, 넷플릭스가 이런 '규칙 없음'을 유지하기 위해 더 큰 신뢰와 높은 보상을 전제로 한다는 점이다. 이곳에서 툴과 지침은 강제 규칙이 아니라 선택 가능한 보조 장치에 불과하다.

어떤 사람은 툴을 쓰지 않고도 탁월한 성과를 낼 수 있다. 누군가는 비싼 와인을 주문해 수백억 원의 계약을 이끌고, 또 누군가는 해변에서 세 번째 휴가 중에 아카데미 수상작을 발굴할 수도 있다.

중요한 것은 형식이 아니라 결과의 임팩트Impact이며, 그 결정이 '넷플릭스를 위한 최선'이라는 기준에 부합한다면, 그 역시 책임 있는 자유의 사용으로 인정된다.

넷플릭스는 단순히 일을 잘하는 사람을 원하지 않는다. 자율성 속에서 전략적 판단을 내리고, 그 결과에 책임질 수 있는 사람, 그들이야말로 넷플릭스가 말하는 '자유와 책임'의 본질을 실현하는 구성원이다.

넷플릭스 웨이

자율을 말하기 전에, 먼저 설계해야 할 것들

넷플릭스의 '자유와 책임F&R' 문화를 일반 기업에 적용하려 할 때, 가장 먼저 마주치는 두 가지 허들이 있다. 이에 대한 현실적인 대응 방안을 살펴본다.

1. 초고성과 문화 vs. 평균적 구성원 성향

넷플릭스의 F&R 시스템은 '초고성과자High Performer' 중심 조직을 전제로 설계된 문화다. 스스로 동기를 부여하고, 시키지 않아도 더 잘하려는 사람들, 즉 성과에 대한 욕망이 강한 사람들이라는 가정 위에서만 이 시스템은 제대로 작동한다.

그러나 현실의 대다수 조직은 다르다. 많은 구성원이 '언제나 최고'보다 '꾸준히 평균 이상'을 추구하고, 성과 자체보다 일과 삶의 균형(워라밸)을 더 중시한다. "퇴근하고 싶지만 눈치 보이니까 최소한 이 정도는 해야지." 이런 태도는 자연스럽고 일반적인 반응이다.

특히, 명확한 목표나 기준 없이 자율만 강조하게 되면, 스스로 높은 기준을 유지할 수 있는 소수만 성과를 낼 뿐, 나머지 다수는 기준 없이 흩어지고 조직의 퍼포먼스는 빠르게 하락할 수 있다. 따라서 F&R 모델을 도입하려는 기업은 구성원 특성을 냉정히 들여다봐야 한다. 필요하다면 다음과 같은 구조 조정성 조치도 함께 고민해야 한다.

- 초고성과 · 자기 주도성에 대한 조직 차원의 기준을 명확히 정립
- 이 기준에 부합하지 않는 구성원에 대한 인력 재배치 또는 전환 병행

결국 넷플릭스식 '규칙 없음'이 성과로 연결되려면 '성과를 내고 싶어 하는 사람들'이 다수가 되어야 한다는 선결 조건이 필요하다. 그렇지 않으면 자율은 곧 기준 없는 방임으로 흐르고, '악화가 양화를 구축하며' 조직의 붕괴는 더 빠르게 찾아올 수 있다.

2. 유연한 인력 운용 vs. 고용 안정성의 충돌

넷플릭스는 '자유'를 보장하지만, 그에 따르는 '책임'의 무게는 결코 가볍지 않다. 규칙도, 정량 목표도 없지만 판단을 잘못하면 해고될 수도 있다. 이 시스템이 가능했던 배경에는 미국식 고용 유연성이 자리한다. 성과가 부족하거나 판단력이 부족하다고 판단되면, 법적 제약 없이 상대적으로 쉽게 인재와 이별할 수 있는 구조다.

하지만 한국·일본·프랑스처럼 노동 안정성이 높고 노조 영향력이 강한 국가들은 상황이 다르다. 이 모델을 그대로 적용하기 어려운 이유는 다음과 같다.

- 규칙도 기준도 없이 해고됐다는 사실은 법적 분쟁으로 번질 수 있다.
- 객관적인 성과지표나 위반 항목이 없다면, 해고 사유 입증이 어렵다.
- 결과적으로 부당해고 논란에 휘말릴 가능성이 크다.

따라서 '규칙 없음'과 '자율성'이 성과로 이어지려면 동시에 구성원이 책임을 다했는지를 판단할 수 있는 맥락, 기록, 피드백 시스템이 갖춰져야 한다. 실제로 넷플릭스는 모든 구성원이 서로에게 360도 피드백을 주고받는 문화를 자율적으로 운영하고 있다. 이는 단순히 평가 방식의 문제가 아니라 조직 문화 전반을 재설계해야 하는 문제다.

또한, '잘못된 판단으로 회사를 떠날 수 있다'는 메시지가 유효하려면 그 자리에 머무는 것 자체에 충분한 가치가 있어야 한다. 고성과자에게는 업계 최고 수준의 보상을 제공해야 하며, 떠나게 되었을 때 그 보상을 잃는 것이 명백한 손실로 느껴져야 한다.

마지막으로, 이별이 발생했을 때의 절차 또한 중요하다. 회사가 유연한 인력 운용을 지향한다면, 떠나는 구성원이 회사 결정에 납득하고 존중할 수 있도록 충분히 관대한 퇴직 위로금, 개인의 평판과 경력 보호를 고려한 마무리 절차를 준비해야 한다. 이것이 법적 분쟁을 막고, 신뢰 기반의 문화와 유연성을 동시에 지켜내는 마지막 장치다. 결국 유연한 문화는 단호한 결정과 더불어 세심한 배려까지 요구되는 시스템이다.

6장

맥락만 주고, 통제는 없다:
넷플릭스가 지시 대신
선택한 것

　　　　　　이 장에서는 조직 내 실행과 변화 관리가 어떤 철학을 바탕으로 이루어져야 하는지, 넷플릭스의 구체적 사례를 통해 살펴본다. 넷플릭스는 이 주제를 설명하며 생텍쥐페리의 글을 인용한다.

> "배를 만들고 싶다면, 사람들을 모아 나무를 베고, 일을 나누고, 명령하는 데 집중하지 마라. 그 대신 그들에게 끝없이 넓은 바다를 그리워하게 하라." - 앙투안 드 생텍쥐페리

출처: 2009 Netflix Culture Memo Deck

맥락의 중요성

　　조직에 새로 들어간 누구나 한 번쯤은 수십, 수백 페이지에 달하는 업무 매뉴얼이나 생활 가이드북을 받아본 경험이 있을 것이다. 이런 문서들은 '무엇을 해야 하는가'에 대한 상세한 지

침과 규율로 가득하다. 하지만 넷플릭스는 이런 매뉴얼 중심의 문화를 성과와 창의성을 억누르는 '통제Control'로 간주한다. 정해진 절차에 맞춰 일하게 하는 것이 아니라 조직이 왜 그렇게 움직이는지를 깊이 이해하게 만드는 것, 이것이 넷플릭스가 말하는 '맥락Context'의 핵심이다.

즉 통제는 행동을 지시하지만, 맥락은 스스로 판단하게 만든다. 그리고 자발적 판단에서 나오는 실행력이야말로 진짜 임팩트를 낳는다. 넷플릭스는 구성원이 '무엇을 해야 하는가'보다 '왜 그것이 중요한가'를 충분히 이해하도록 맥락을 제공한다.

다음은 넷플릭스가 내부적으로 사용한 '맥락 vs. 통제'의 구체적인 비교 예시다.

통제가 아닌, 맥락: 현명한 결정을 가능하게 하려면 통제가 아니라 '맥락'을 제공하라	
Context(맥락)	Control(통제)
• 전략 • 성과지표 • 전제 조건 • 목표 • 명확히 정의된 역할 • 이해관계에 대한 지식 • 의사결정 과정의 투명성	• 상명하달식 의사결정 • 경영진 승인 • 위원회 • 결과보다 계획과 절차를 중시

출처: 2009 Netflix Culture Memo Deck

맥락과 통제의 차이

매뉴얼이 아닌 '왜'를 공유하는 조직

이번 에피소드에서는 내가 가장 존경하는 선배 중 한 명인 K를 소개하고자 한다. K는 넷플릭스 코리아 1호 구성원이자, 현재 한류 콘텐츠를 세계에 알리는 데 결정적 역할을 해온 넷플릭스 코리아 마케팅 총괄 디렉터다.

그녀를 처음 만난 것은 넷플릭스 입사 인터뷰 자리였다. 인터뷰 중, 그녀는 넷플릭스 문화에 대한 간단한 질문을 던졌고, 이내 "드디어 적임자를 찾은 것 같다"며 함께 일하게 되기를 기대한다고 말했다. 그렇게 30분 만에 면접이 끝났고, 나는 합격 통보를 받았다.

3개월 후, BCG를 퇴사하고 넷플릭스 아시아퍼시픽APAC 싱가포르 오피스에 첫 출근을 한 나는 원격으로 K와 협업을 이어갔다. 그동안 컨설턴트로서 수많은 마케팅 디렉터들을 만나봤지만, K는 단연 넷플릭스 문화를 가장 잘 체화하고 실천하는 인물이었다. 특히 '통제가 아닌 맥락 전달'을 통해 성과를 이끌어내는 방식은 인상적이었다.

2019년 10월, 내가 입사한 지 채 석 달도 되지 않았을 무렵, 넷플릭스 글로벌 마케팅 조직은 큰 변화를 맞고 있었다. 기존의 전환율 중심 마케팅Growth Marketing을 벗어나, 마케팅 자체가 콘텐츠로 기능하는 '발화 마케팅Conversation Marketing' 전략으로 전환하는 과정이었다. 앞서 소개했지만 발화 마케팅이란 마케팅 캠페인 자체가 떠들썩한 재미를 주어 고객들이 서로 웃고 공유하며, 홍보를 위한 홍보가 아닌 그 자체로 콘텐츠로서 기능하는 마케팅 방법이다.

하지만 당시 마케팅 전문가들은 서로 다른 시야와 용어를 사용하고 있었고, 새로운 패러다임을 받아들이기에는 매우 혼란스러운 분위기였다. 이 상황에서 K는 과감한 결정을 내렸다. 해외 연사들을 초청해 발화 마케팅의 본질을 공유하는 워크숍을 기획했고, 한국 내 가입자 유치 관련 실무자를 모두 한자리에 모았다. 당시 한국 넷플릭스는 매우 작은 조직이었다. 수천억 원을 벌어들이는 시장임에도 관련 인력은 불과 20명 남짓이었다.

나는 싱가포르 본사에서 출발해 워크숍 당일 새벽 비행기를 타고 인천공항에 도착했다. 비행 내내 잠을 거의 이루지 못해 피로가 겹쳤고, 서울에 도착한 시간은 새벽 6시였다. 장거리 이동으로 컨디션이 최악이었기에, 회의에 집중하기 위해서는 빠른 회복이 필요했다. 넷플릭스가 강조하는 '자유와 책임'의 원칙에 따라, 나는 스스로 최적의 방법을 선택해야 했다. 결국 조용하고 청결한 사우나를 찾아 잠시 눈을 붙이고, 샤워와 면도까지 마친 후 정돈된 상태로 행사장에 들어설 수 있었다.

질문으로 시작하고, 임팩트로 답하는 팀

K와 함께한 워크숍 준비 기간은 약 3주였다. 본 행사는 하루 종일 이어졌고, 당시 20명도 채 되지 않았던 넷플릭스 한국 비즈니스팀 전원이 참여해 치열한 토론과 아이디어 공유를 이어갔다. 참석자들은 새로운 마케팅 개념을 이해하고, 그 개념을 한국 시장에 어떻게 적용할지 함께 고민했다. 또한 미래의 방향을 그려보고, 성공을 어떻게 정의하고 어떻게 측정할 것인지를 구체화하는 데 집중했다.

놀라웠던 점은, 누구도 '컨버세이션 마케팅'이라는 낯선 개념이 본사의 지침에 따라 도입된 것인지, 혹은 공식적인 사전 정의나 추진 주체가 누구인지, 프로세스 변경이 필요한지 등에 관심을 두지 않았다는 것이었다. 즉 일반적인 기업에서 흔히 보이는 '통제Control' 중심의 반응은 찾아보기 어려웠다. 조직의 전략 방향이 근본적으로 바뀌는 상황임에도, 회의적인 태도나 저항은 전혀 없었다.

그 대신 참석자들은 넷플릭스가 강조하는 공동의 맥락Context 속에서 이 새로운 개념을 어떻게 한국 시장에 맞게 발전시킬 수 있을지, 그리고 어떻게 더 큰 임팩트를 만들어낼 수 있을지에 집중했다. 워크숍은 다음 5가지 핵심 질문을 중심으로 진행되었다.

- 재정의Re-defining: '컨버세이션 마케팅'을 한국 시장 맥락에 맞춰 어떻게 정의할 수 있을까?
- 비전 설정Visioning: 이 전략을 통해 우리가 도달하고자 하는 지향점은 무엇인가?
- 목표 수립Setting Objectives: 공동으로 달성해야 할 성공 기준은 무엇인가?
- 타깃 선정Targeting: 한국 시장에서 이 전략이 집중해야 할 핵심 타깃은 누구인가?
- 적용 방향Reflection: 각자의 팀에서 이 전략을 어떻게 실행할 수 있을까?

일반적인 기업이라면 새로운 변화가 주어졌을 때 이런 질문들이 오가곤 한다.
"이걸 왜 해야 하죠?"
"왜 회사는 방향성도 없이 자꾸 일하는 방식을 바꾸는 거죠?"
"도대체 누가 하라고 한 건가요?"
"평가 제도나 보너스는 어떻게 달라지는 건가요?"

하지만 넷플릭스는 달랐다.
정해진 KPI도 없고, 고정된 프로세스도 없으며, 성과 보너스도 별도로 주어지지 않지만, 새로운 방향성이 공유되면 모든 구성원이 자발적으로 그 방향 안에서 최고의 임팩트를 내기 위한 '파인 튜닝'에 나선다. 그 과정은 지시가 아니라 협업이며, 통제가 아니라 맥락 속에서 스스로 만들어가는 실행이다. BCG에서 수많은 기업 워크숍을 경험했지만, 이처럼 자율적이고 몰입도 높은 분위기에서 아이디어 중심으로 논의가 이루어지는 경우는 처음이었다.

당시 받은 인상은 매우 강렬했고, 충격에 가까웠다. 워크숍은 여러 개의 소그룹으로 나뉘어 진행되었고, 각 그룹은 앞서 제시된 질문들, 즉 전략의 재정의, 비전 설정, 타깃 규정, 실행 아이디어 등을 중심으로 깊이 있는 논의를 이어갔다. 구체적인 논의 내용은 공개하기 어렵지만, 내가 속한 조에서 나왔던 논의 중 일부는 예시로 공유할 수 있을 것 같다.

콘텐츠만큼 재미있는 넷플릭스 마케팅의 비밀

• 재정의Re-defining: '컨버세이션 마케팅'을 한국 시장 맥락에 맞춰 어떻게 정의할 수 있을까?

넷플릭스의 일하는 방식에서 인상적이었던 점들 중 하나는, 본사의 지침이나 방향이 내려오더라도 이를 절대적으로 따르기보다 '우리 방식대로 새롭게 정의해보자'는 태도가 자연스럽게 형성된다는 점이다. 컨버세이션 마케팅이라는 개념이 한국 로컬팀에 처음 공유되었을 때도, "이걸 어떻게 실행하지?"보다는 "재미있는 접근인데, 한국에서는 좀 다르게 풀어보자"는 분위기가 훨씬 강했다. 이러한 자율적 해석과 현지화는 단순한 방관이나 반항이 아니라 창의성과 문화적 맥락이 성패를 좌우하는 엔터테인먼트 산업의 특성에서 비롯된 전략적 문화다.

이러한 태도는 "본사의 아이디어를 수동적으로 따르는 것이 아니라 오히려 더 잘 발전시켜보자"는 자율성과 판단력의 표현이었다. 이것을 자발적 현지화 Voluntary Localization라고 하는데, 글로벌 기업에서 흔히 들을 수 있는 "너희가 뭘 알아?" 식의 방어적 태도와는 전혀 다른, 진화進化 중심의 문화적 반응이다.

당시 K는 워크숍의 첫 질문으로 매우 간결하지만 중요한 화두를 던졌다.

"이 개념을, 한국 시장에서 우리가 어떻게 새롭게 정의할 수 있을까요?"

우리는 초등학교 조별 활동처럼 책상과 의자를 붙이고, '한국 시장의 특수성'이라는 맥락부터 함께 짚어나갔다. 한국은 99퍼센트 이상이 같은 인종이고, 동일한 언어를 쓴다. 인구의 80퍼센트가 도시에 거주하고, 그중 절반이 서울·경기 수도권에 밀집해 있는 극도로 동질적인 Homogeneous 시장이다.

다민족·다지역 국가인 미국이나, 지역 정체성이 강한 일본·중국 등과는 달리, 한국은 수도권 중심의 문화 확산성이 매우 크다. 이에 따라, 우리는 '심플하고 강한 메시지 하나'만으로도 핵심 소비층의 공감을 얻고, 이들이 자발적으로 전국에 입소문을 퍼뜨릴 수 있다고 판단했다.

이것이 바로 한국형 컨버세이션 마케팅의 재정의였다.

미국 본사는 인종과 문화적 배경이 다양한 고객군을 타깃으로 삼아 복수의 소구점을 병렬적으로 운영해야 했지만, 한국은 오히려 선택과 집중이 통하는 시장이라는 점에서, 전혀 다른 접근이 필요하다는 데 의견이 모였다.

요컨대 '한국적 맥락에 기반한 재정의'는 단순한 해석이 아니라 전혀 다른 시장 구조에 대한 통찰에서 출발한 전략적 대응이었다. 이 같은 자율적 현지화는 넷플릭스가 강조하는 '자유와 책임'의 문화가 어떻게 실질적 실행으로 이어지는지를 잘 보여준다.

- 비전 설정Visioning: 이 전략을 통해 우리가 도달하고자 하는 지향점은 무엇인가?

두 번째로 K는 우리에게 '어떤 미래를 향해 나아갈 것인가'를 함께 그려보자고 제안했다. 그녀는 팀원들에게 나무와 돌을 나눠 주고 배를 만들게 하는 대신, 어떤 배를 타고 어떤 항로를 따라 어떤 목적지에 도달하고 싶은지를 스스로 상상하게 했다. 마치 프랑스에 가면 에펠탑을, 뉴욕에 가면 자유의 여신상을 떠올리듯, 우리가 이루고자 하는 미래의 이미지를 구체적으로 그려보자는 취지였다.

컨버세이션 마케팅이라는 새로운 개념을 마주한 상황에서, 우리는 그저 본사의 지시를 기다리기보다는, 각자 마음속에 떠오르는 '최고의 순간'을 먼저 떠올렸다. 고객 전략을 수립하고 실행하는 다양한 부서의 전문가로서, 각자가 상상해온 성공의 이미지를 공유했다. 협업의 대상이자 때로는 선의의 경쟁 상대였던 콘텐츠팀과의 긴장감도 좋은 자극이 되었다.

그렇게 탄생한 우리의 비전은 다소 '발칙하지만 도전적인' 한 문장으로 요약되었다.

"넷플릭스 코리아의 마케팅 캠페인은 넷플릭스의 콘텐츠보다 더 재미있다."

세계 최고의 콘텐츠 회사에서 마케팅조차 콘텐츠보다 더 흥미롭다면, 이는 단순한 캠페인을 넘어 브랜드 자체의 정체성을 다시 쓰는 일이 된다. 한국처럼 사회 구조가 동질적이고 확산력이 강한 시장에서는, 마케팅 자체가 하나의 콘텐츠로 받아들여질 수 있다는 점에서 이 목표는 더욱 의미가 있었다.

당시 한국과 아시아의 고객들은 넷플릭스라는 브랜드에 이제 막 익숙해지고 있는 단계였다. 그런 가운데 "넷플릭스 마케팅은 드라마보다 더 재미있다"는 인식이 퍼진다면, 브랜드에 대한 고객의 신뢰와 애정은 전혀 다른 차원으로 도약할 수 있다.

이러한 비전을 함께 설정한 순간, 팀원들의 태도는 완전히 달라졌다. 처음에는 "컨버세이션 마케팅이 대체 뭐지?", "도대체 어떻게 하라는 거지?"라는 혼란스러운 질문이 많았지만, 점차 스스로 방향을 설정하고, 각자의 아이디어를 주도적으로 발전시키는 분위기가 형성되었다. 의문은 사라졌고, 그 자리에 '우리가 만들 미래'에 대한 기대와 몰입이 자리했다. 비전은 누가 정해주는 것이 아니라 스스로 만들고 실현해나가는 것이라는 사실을 이 경험을 통해 직접 확인할 수 있었다.

정답을 주지 않는다, 기준을 맡긴다

- 목표와 타깃Objectives & Targets: 공동으로 달성해야 할 성공 기준과 핵심 타깃은 무엇인가?
- 적용 방향Reflection: 각자의 팀에서 이 전략을 어떻게 실행할 수 있을까?

방향성과 비전이 명확해진 이후, 우리는 자연스럽게 목표와 타깃에 대한 논의로 넘어갔다. 구성원 사이에 세부적 견해 차이는 있었지만, '컨버세이션 마케팅'을 통해 도달해야 할 성공 기준을 설정하고, 이를 구현할 타깃군을 정의하는 데 집중했다.

이번 캠페인의 목표는 단순한 클릭률이나 전환율 같은 전통적인 성과지표에서 벗어나는 것이었다. 우리가 정의한 성공은 고객이 자발적으로 우리의 마케팅 활동을 사진으로 담아 공유하고, 이를 농담과 대화의 소재로 삼는 것이었다. 말 그대로 '발화되는 콘텐츠'를 만드는 것이 핵심 목표였다.

이를 위해 기존의 계량 중심 프레임을 과감히 버리고, 실제 고객 커뮤니티 내에서 콘텐츠가 어떻게 유통되는지를 관찰했다. 미국처럼 트위터 기반의 실시간 확산 구조와 달리, 한국 시장은 네이버 카페, 더쿠, 디시인사이드, MLB파크 등 다양한 커뮤니티 기반으로 구성되어 있었다. 우리는 각 커뮤니티의 특성과 언어, 유통 구조를 세분화해, 정량화할 수 있는 새로운 기준과 타깃을 재설정했다.

이와 관련해 기억에 남는 일화가 있다. 최근 글로벌 음원 스트리밍 1위 기업의 외국인 임원과 식사 자리를 가졌을 때였다. 그는 넷플릭스가 2년 만에 고객 저변을 500퍼센트 이상 성장시킨 배경을 궁금해하며, 특히 고객 세분화 전략에 대해 집중적으로 물었다. 내가 설명한 바는 다음과 같다.

"넷플릭스에는 글로벌 차원의 고객 세분화 기준이 없습니다. 100개 국가에 100개의 고객 세그먼트가 존재하며, 각국의 로

컬 팀이 주도적으로 정의합니다. 한국, 일본, 중국, 인도 모두 고객 특성과 명칭, 타깃 전략이 완전히 다릅니다. 본사는 현지 전문가의 판단을 최우선으로 존중하며, 본사에서 일괄적으로 가이드라인이나 통제를 두지 않습니다."

그 임원은 꽤 놀란 듯했다. 대부분의 글로벌 기업은 연령, 소득, 성별 기준의 표준화된 고객 분류 체계를 적게나마 갖고 있기 때문이다. 그러나 넷플릭스는 이를 의도적으로 배제한다. 각각의 현장에서 직접 현명한 판단력을 발휘하고, 스스로 최고의 임팩트를 만들어가게 한다.

그리고 그다음은?

"Get Back to Work!(이제, 가서 일하자)."

공통의 맥락을 이해하고 비전을 공유한 후에는, 각자의 자리로 돌아가 스스로 실행에 들어간다. KPI도, 보너스도 정해져 있지 않지만, 맥락이 분명한 조직은 각 구성원이 '지금 해야 할 일'을 정확히 알고 자발적으로 움직인다. 이번 워크숍의 마지막 단계에서는 각 팀—유가 마케팅, 소셜, 사업개발, 파트너십, 홍보, 재무, 전략 등—이 각자의 업무에 이 전략을 어떻게 반영할지에 대해 실행 아이디어를 도출했다. 이 모든 과정은 단 하루, 정확히 8시간 만에 이루어졌다.

짧은 워크숍이었지만, 우리는 '모호함'을 '명료함'으로, '불안정한 변화'를 '가슴 뛰는 미래'로 전환할 수 있었다. 그 중심에는 방향을 지시하거나 통제하는 리더가 아니라 함께 상상하고 동행한 K의 서포트가 있었다.

더 놀라운 것은, 이런 '맥락 중심의 일하는 방식'이 단지 한국 팀만의 특성이 아니라는 점이다. 넷플릭스의 콘텐츠팀, 프로덕트팀, IT팀, 심지어 재무 전략 같은 지원 부서까지, 전 세계 모든 조직이 같은 철학을 공유한다. 이는 지역의 차이를 고려한 자율적 현지화local adaptation를 가능하게 하는 가장 큰 원동력이자, 넷플릭스가 빠르게 변화하는 환경 속에서 경쟁사보다 한발 앞서나갈 수 있는 핵심 역량이기도 하다.

나는 지금도 이처럼 맥락 공유를 기반으로 한 문화야말로, 넷플릭스가 글로벌 시장에서 지속적으로 경쟁 우위를 확보하는 근본적인 이유 중 하나라고 믿고 있다.

넷플릭스 웨이

지시 없이도 스스로 움직이게 만드는 힘

넷플릭스의 '맥락 중심의 일하는 방식'은 구성원의 자율성과 판단력을 깊이 신뢰하는 모델로, 전통적 명령–통제형 조직과는 다르다. 창의성과 유연성이 중요한 산업에서는 효과적이지만, 많은 기업은 여전히 정형화된 평가 체계와 고정된 보고 구조에 익숙하기 때문에, 도입 시 몇 가지 제약을 신중히 검토해야 한다.

1. 평가/보상 시스템과의 충돌: "맥락이 아니라 내게 유리한 해석으로 흘러간다"

넷플릭스는 '넷플릭스를 위한 최선'을 기준으로 자율성을 부여하지만, 일반 기업에서는 쉽게 '나를 위한 최선'으로 왜곡될 수 있다. 국내 한 대형 유통회사는 자율적 프로젝트 운영 제도를 도입했지만, 기존 성과 평가 방식을 그대로 유지했다. 그 결과 구성원들은 보여주기 좋은 일이나 평가자와의 관계에 유리한 프로젝트를 선택하며, 제도의 본래 취지가 훼손되었다. 협업은 느슨해졌고 조직의 일관성도 무너졌다.

현실적인 접근: 새로운 맥락이나 방향을 도입할 때는, 구성원들과 함께 그 의미와 기준을 명확히 해야 한다. 평가와 보상 체계 또한 그에 맞춰 조정되어야 한다. 자율성을 제대로 작동시키려면 맥락에 따라 유연하게 평가 기준을 재설계할 수 있는 제도적 장치가 뒷받침되어야 하며, 그렇지 않으면 자율은 곧 혼란으로 이어진다.

2. 고위험·표준화 산업에서의 한계: "맥락만으로 생명을 지킬 수는 없다"

제약, 반도체, 물류, 의료, 국방 등과 같이 생명이나 대형 리스크가 직결된 산업에서는 통제와 프로세스가 핵심이다. 실제로 국내의 한 반도체 장비 회사는 책임과 자유를 강조하며 직원들에게 생산라인 운영 방식에 대한 자율성을 부여했지만, 공정 혼선과 불량률 증가로 큰 손실을 입었다. 결국 다시 기존의 통제 기반 운영으로 회귀할 수밖에 없었다.

현실적인 접근: '맥락 중심 방식'은 실행 리스크가 낮은 부서부터 실험적으로 도입하는 것이 바람직하다. R&D, 마케팅, 전략기획처럼 창의적 판단이 중요한 영역이 그 대상이다. 반면, 생명이나 안전, 대규모 손실과 직결되는 핵심 공정에서는 반드시 통제 기반의 프로세스를 유지해야 한다. 특히 개인의 해석에만 맡기기보다 팀 단위의 맥락 공유와 명확한 승인 절차를 병행해야 한다.

3. 리더십의 '입 다물기'가 어려운 이유: "맥락을 설명한다며 결국은 방향을 지시한다"

넷플릭스 문화에서 가장 인상 깊은 점 중 하나는, 리더일수록 말을 아낀다는 것이다. 특히 '맥락을 공유하는 자리'에서 리더가 먼저 방향이나 아이디어를 제시하면, 그 순간부터 회의는 '논의'가 아닌 '지시'의 장이 되어버린다.

하지만 대부분의 조직에서 리더는 여전히 "말하지 않으면 리더가 아니다"라는 인식에 갇혀 있다. 특히 가족 경영, 오너 중심, 연공서열 문화가 강한 기업일수록 리더의 침묵은 '무능'이나 '책임 회피'로 오해받을 위험이 있다.

현실적인 접근: '침묵의 리더십'을 가능하게 하려면 단순히 말을 줄이는 선언만으로는 부족하다. 리더는 맥락과 배경만 설명하고, 해법은 구성원들로부터 자연스럽게 나오도록 설계해야 한다. 이를 위해서는 말단 구성원부터 의견을 개진하게 하는 회의 구성, 발언 순서를 무작위로 정하는 브레인스토밍, 리더의 지시보다 구성원의 사고를 유도하는 '질문 중심 회의' 등 구조적 장치가 필요하다.

이처럼 리더의 '침묵'은 기술적 설계와 결합되어야 조직 내에서 오해받지 않고 효과를 발휘할 수 있다.

넷플릭스의 '맥락 중심 문화'는 구성원이 스스로 방향성을 해석하고,

최고의 임팩트를 위해 자발적으로 실행안을 도출하는 강력한 조직 철학이다. 그러나 이를 다른 조직에 이식하려면 단순히 문화를 따라 하기보다는 평가 체계, 리스크 관리, 리더십 방식 등 핵심 운영 요소를 함께 조정하는 통합적 접근이 필요하다.

맥락은 '설계'되지 않으면 금세 혼돈으로 변한다. 또한 자율은 잘못 관리되면 리더의 부재 속에서 사내 정치나 책임 회피로 이어지기 쉽다. 따라서 이 문화를 도입하고자 하는 기업은 자신의 조직 현실, 산업 특성, 리더십의 준비 정도를 냉정히 진단한 후, 점진적이고 선택적인 도입을 택하는 것이 현명하다.

넷플릭스를 설명할 때 자주 인용되는 말이 있다.

"최고의 복지는 최고의 동료와 일하는 것이다."

겉으로 보기엔 흔한 말처럼 들릴 수 있다.
하지만 실제로 이 문장은 넷플릭스의 조직 문화를 관통하는 핵심 원칙이다.
넷플릭스는 '자유와 책임'을 기초로 운영된다.
이 철학 아래, 창업자는 9가지 핵심 가치를 제시했다.

각각은 독립적인 덕목이 아니라 서로를 밀어주고 끌어주며
하나의 순환 고리를 만든다.

이 덕분에 넷플릭스는 개인의 자율성과 조직의 성과를
동시에 끌어올리는 독특한 시스템을 갖출 수 있었다.

7장

느슨하지만 단단하게:
넷플릭스식 연결과 협업

넷플릭스 문화의 다섯 번째 주제는 "상위 전략과 일상 실행을 어떻게 빠르게 연결할 것인가"에 대한 조직 운영 철학이다. 이를 설명하며, 넷플릭스 「문화 메모」는 3가지 조직 유형을 제시한다.

- 단단히 결속된 조직Tightly... Coupled Monolith: 모든 부서가 강하게 연결되어 있으나 유연성이 낮은 '경직된 조직'
- 사일로 조직Independent Silos: 부서별 독립성이 지나쳐 협업이 단절된 '사일로 조직'
- 강하게 연결되고, 느슨하게 짝지어진 조직Highly Aligned, Loosely Coupled: 상위 전략에는 강하게 정렬되지만, 실행에서는 유연하게 연결된 '자율적 연결 조직'

먼저 이 개념이 왜 중요한지 간단히 짚고 넘어갈 필요가 있다. '강하게 연결되지만 느슨하게 짝지어진' 조직 문화는 직관적으로 이해하기 어려운 개념이다. 특히 많은 독자가 경험하고 있는 기존의 조직 모델—즉 '경직된 조직'이나 '사일로화된 조직'—의 문제를 이해하지 못하면, 넷플릭스 방식의 혁신성도 피부에 와닿지 않을 수 있다.

따라서 넷플릭스 문화 이야기 이전에 우리가 흔히 속해 있는 일반 조직 두 유형의 단점을 먼저 들여다보겠다.

단단히 결속된 조직: 스타트업의 첫 성장 곡선

첫 번째 유형은 많은 스타트업이 겪는 전형적인 형태이다. 열정적인 30~40대 창업자와 소수의 초기 핵심 멤버들은 거의 모든 실행 전술tactic을 직접 검토한다. 영업, 상품, 생산, IT, 인사, 채용까지 경영진의 손을 거치지 않는 일이 없다. 이로 인해 고위 관리자가 참석하는 회의가 많아지고, 부서 간 협업도 관리자의 지휘 아래 이루어진다.

이 구조는 인원이 100명 미만일 때는 효율적이다. 모두가 한 방향을 바라보며, 소수 리더가 빠르게 결정하고 실행하므로 조직 전체가 민첩하게 움직일 수 있다. 특히, 사업 부문 간 유기적 협업이 중요한 분야에서는 강한 리더십에 기반한 일사불란한 진행이 장점으로 작용한다.

하지만 넷플릭스는 DVD 대여 서비스에서 시총 수백조 원 규모의 기업으로 성장하는 과정에서 이 모델의 구조적 한계를 정확히 간파했다. 사업이 확장되고, 조직이 복잡해질수록 모든 결정이 핵심 경영진에게 집중되는 구조는 점차 병목을 초래한다. 의사결정이 느려지고, 내부 권력구조는 고착화된다. 이런 조직에서는 외부에서 영입된 젊고 유능한 인재들이 점점 목소리를 내기 어려워진다. "결국 고인물 위주의 조직이구나"라는 체념과 함께 창의성과 실험 정신은 점점 사라진다. 이 글을 읽는 독자 중 5년 차 내외의 스타트업에서 일하는 이가 있다면, 이런 장면이 익숙할지도 모른다. "대표님(또는 팀장님), 오늘도 드시고 싶은 걸로 하시죠. 저희야 뭐, 늘 그렇듯 따르겠습니다."

이런 기업에서는 결국 창업자의 아이디어에서 혁신이 멈춘다. 반짝이는 감각과 실행력을 갖춘 '육각형 인재'들은 자신의 역량을 제대로 펼칠 수 없다는 좌절감에 결국 조직을 떠난다.

사일로의 덫: 대기업이 넘어야 할 벽

두 번째 유형은 설립된 지 오래되었고, 규모가 상당히 커진 대기업, 공기업, 공무원 조직 등 전통적인 관료 조직에서 흔히 볼 수 있는 구조다. 국적을 불문하고, 서구식이든 동양식이든, 시간이 지나고 규모가 커지면 대부분 이런 형태로 고착화된다.

이러한 조직은 부서 간 협업보다는 '우리 부서의 목표', '나의 실적' 달성에 집중한다. 각 부서는 표면적으로는 존중을 내세우지만, 실제로는 서로 간섭하지 않고 때로는 견제하며 각자도생의 생태계를 만들어간다.

보험회사를 예로 들어보자. 영업사원 입장에서는 상품을 많이 팔기 위해 가능한 한 '퍼주는' 회사이기를 바란다. 조금만 다쳐도, 필요 없는 수술을 받아도 보험금이 넉넉하게 지급되고, 건강 상태가 좋지 않은 사람도 손쉽게 가입할 수 있기를 원한다. 꾀병을 의심받지 않고 고객이 귀찮게 여길 만한 절차 없이 청구와 가입이 이루어져야 판매가 쉬워진다. 이들은 회사 손익보다는 판매 성과에 관심이 있다.

반면, 보험금 지급을 심사하는 부서는 정반대다. 이들은 꾀병이나 불필요한 수술, 과거 병력을 숨긴 채 가입한 사람, 보험사기를 의심할 수 있는 케이스를 걸러내야 한다. 불필요하게 나가는 돈을 막는 것이 그들의 임무다. 이들은 영업 현장의 애로사항이나 판매 실적에는 관심이 없다.

이러한 구조가 반드시 나쁘다고 할 수는 없다. 특히 공무원 조직처럼 혁신보다는 공익과 절차를 중시해야 하는 조직에는 적합하다. 보험회사처럼 부서 간 역할이 극명하게 나뉘는 경우에도 일정 부분 효과를 발휘할 수 있다.

그러나 이 구조는 종종 다음과 같은 병목을 초래한다. 새로운 제품이나 서비스를 기획할 때, 영업부서는 '수익이 나기 어렵다'고 말하고, 개발부서는 '기술적으로 어렵다'며 난색을 표한다. 부서 간 조율 없이 각자 관점만 내세우는 가운데, 기획자는 결국 이런 말을 듣게 된다.

"그 건은 그쪽 팀에서 알아서 하셔야죠."

이런 조직은 워라밸과 안정성을 추구하는 사람들에게는 나쁘지 않은 선택일 수 있다. 그러나 많은 기업이 이런 사일로 구조에 갇혀 혁신을 시도하지 못하고, 결국 저성장과 사내 정치의 늪에 빠지게 된다.

넷플릭스는 조직의 사일로화를 철저히 경계했다. 회사가 급성장하며 팀과 인원이 빠르게 늘어났지만, 넷플릭스는 '성장=느려지는 의사결정'이라는 공식을 거부했다. 부서 간 단절이나 경쟁이 아닌, 신뢰와 협력 속에서 공통된 방향을 향해 빠르게 움직이는 조직을 만들기 위해 끊임없이 고민하고 실험했다. 그들은 정답이 정해진 교과서보다 동화 같은 상상력을 조직 운영에 불어넣었고, 그것은 실제로 효과를 발휘했다.

강하게 연결되고, 느슨하게 짝지어진 팀: "오케이, 뒤는 맡겨"

넷플릭스에서 사업개발과 대외 파트너십을 맡았던 A의 이야기를 소개하려 한다. 당시 나는 상위 전략 수립과 방향 제시를 주로 맡고 있었기에, 외부 파트너와 긴밀하게 협업하는 업무는 낯설고 복잡하게 느껴졌다. 특히 넷플릭스는 단기적인 수익보다 장기적인 브랜드 가치와 평판을 무엇보다 중요하게 여기는 기업이었기 때문에, 파트너십 업무는 단순한 계약 이상으로 까다롭고 민감할 수밖에 없었다.

하지만 A는 언제나 흔들림 없이 이렇게 말했다.

"오케이, 이해했어. 나머지는 내가 책임질게."

당시 넷플릭스 내부에서는 컨버세이션 마케팅이 글로벌 전략으로 본격 확산되던 시기였다. 광고를 단순히 '보게 하는 것'이 아니라 사람들이 스스로 '찍고 말하고 공유하고 싶어 하게' 만드는 방식으로 마케팅을 전환하려 했다. 이를 현실화하려면 내부 전략뿐 아니라 외부 파트너의 협력이 필수였다.

A는 방향성에 대해 몇 가지 핵심 질문을 던진 뒤, 곧바로 구체적인 아이디어를 제안하기 시작했다. 예를 들어 디스플레이 대기업의 전국 대리점에 넷플릭스 신작과 로고가 함께 노출되도록 하자는 제안, 젊은 층이 선호하는 햄버거 브랜드와 협업해 역사극 콘셉트의 제품을 선보이자는 아이디어 등은 기발하면서도 브랜드 정체성과 잘 맞아떨어졌다. 엉뚱해 보일 수도 있지만, 그녀의 발상은 넷플릭스가 추구하는 '탁월한 인재'가 발휘하는 '현명한 판단력'과 '창의적 실행'의 전형이었다.

무엇보다 인상 깊었던 점은 파트너사를 선정하는 기준이었다. 넷플릭스에는 전략적 파트너를 선정할 때 통상적인 기업들이 운영하는 평가지표, 위원회, 회의 절차가 존재하지 않는다. 그 대신 '탁월한 인재가 내리는 현명한 판단'을 기반으로 결정하며, 그 판단을 전적으로 존중하는 문화가 자리 잡고 있다.

A는 종종 이렇게 판단을 내렸다.

"이 브랜드는 과거에 여성 혐오 이슈가 있어서 곤란해요."

"이 브랜드는 정치적으로 민감한 상황을 초래할 수 있어요."

"이 브랜드는 요즘 힙하고 트렌디해서 잘 맞아요."

"이 브랜드는 대중성은 부족하지만, 젊은 타깃층에게 호감도가 높아요."

별도의 보고서나 프레젠테이션은 없었다. 넷플릭스는 그녀가 관련 업계에서 높은 성과를 내고 입사한 만큼, 그 전문성과 감각을 신뢰했고, 실제로 그녀의 판단은 대부분 옳았다. 결과적으로 협업의 속도는 더욱 빨라졌고, 조직 전체의 실행력은 높아졌다. 결재도, 보고도, 위원회도 필요하지 않았다.

넷플릭스는 앞서 언급한 2가지 조직 유형이 가진 문제를 극복하기 위해, 특별한 조직 운영 방식을 실천한다. 모든 것을 일일이 통제하며 결속시키지도 않고 각 부서를 분절된 사일로로 방치하지도 않는다. 무엇이 '강하게 연결되어야 할 것'이고, 무엇이 '신뢰를 기반으로 느슨하게 움직일 수 있는 것'인지 명확히 구분한다.

넷플릭스 「문화 메모」는 이를 다음과 같이 표현한다.

"Highly aligned, loosely coupled."

강하게 정렬되어 있으되, 느슨하게 연결된 조직.

이 개념이 실제로 어떻게 작동하는지, 더 깊이 살펴보자.

강하게 연결되어야 할 것

- 전략과 목표는 명확하고 구체적이어야 하며, 구성원 모두가 이를 폭넓게 이해하고 있어야 한다
- 팀 간 상호작용은 단편적인 업무 조율이 아니라 항상 전략과 목표에 기반해야 한다
- 경영진은 구성원들과의 커뮤니케이션에서 투명성, 간결성, 명확성, 개방성을 유지하기 위해 계속 노력해야 한다

느슨하게 짝지어져야 할 것

- 공동의 전략과 목표를 제외하면, 부서 간 회의는 최소화한다
- 승인 절차와 사전 검토는 줄이고, 상호 신뢰를 기반으로 자율적인 협업이 이루어지도록 한다
- 리더는 상황에 맞게 주도적 협업을 설계하되, 과도한 개입 없이 필요에 따라 유연하게 접근해야 한다
- 실행 이후에는 '연결성'이 잘 유지되었는지를 사후 검토하는 과정이 반드시 필요하다

출처: 2009 Netflix Culture Memo Deck

넷플릭스는 대기업 조직에서 흔히 나타나는 과도한 통제와 관료주의, 그리고 스타트업 조직에서 자주 발생하는 리더에 대한 과잉 의존과 느슨한 기준이라는, 상반된 2가지 문제를 동시에 극복하고자 했다. 그 끝에는 단순하면서도 대부분의 조직이 실현하지 못하는 야심 찬 목표가 있다.

"Goal is to be Big and Fast and Flexible(덩치는 크되, 빠르고 유연하게 움직이는 조직)."

이 구조는 전략의 일관성과 실행의 속도라는 두 마리 토끼를 동시에 잡을 수 있도록 설계되어 있다. 각 구성원은 본인의 판단을 믿고, 리더의 허락 없이도 움직인다. 이는 단순히 빠른 조직이 아니라 '생각하고 움직이는 거대 조직'이라는 극히 드문 성과를 만든다.

무엇보다 이 시스템은 뛰어난 인재들이 머물게 한다. 넷플릭스에서는 '자율과 책임'을 빈말이 아닌 실제 권한으로 체감할 수 있다. 유능한 인재일수록 '지금 이 순간, 내가 변화시킬 수 있는 영역이 있다'는 감각이 중요하기 때문이다. 그런 감각을 매일 경험할 수 있는 조직이야말로, 크고 빠르며 유연한 조직이다.

넷플릭스 웨이

넷플릭스를 베끼지 마라, 내 사람들을 믿기 전에는

"정말 저런 문화가 우리 회사, 혹은 우리 학교에도 가능할까?"

넷플릭스의 "강하게 연결되고, 느슨하게 짝지어진 조직" 문화를 접한 많은 이들이 자연스럽게 품는 질문이다. 얼핏 보기엔 이상적이다. 자율적인 구성원, 맥락 중심의 리더십, 전략적 사고를 유도하는 평가 시스템이라니…… 현실에선 도저히 작동할 것 같지 않다.

실제로 넷플릭스조차 이 조직 모델이 어디서나 통하는 보편 해법은 아니라고 인정한다. 「문화 메모」의 마지막에는 다음과 같은 단서가 붙는다.

"강하게 연결되고 느슨하게 짝지어진 조직이 효과적으로 작동하려면 초고성과 인재와 충분한 맥락 공유라는 두 조건이 반드시 갖춰져야 한다(Highly-Aligned, Loosely-Coupled teamwork effectiveness is dependent on high performance people and good context)."

즉 아무 조직이나 이 방식을 도입할 수 있는 것은 아니다. 성공적인 적용을 위해서는 적어도 3가지 조건이 동시에 충족되어야 한다.

1. 구성원의 성향: 고성과를 지향하며 자기 기준이 높은 인재인가?

넷플릭스가 지향하는 문화는 '탁월한 인재들이 주도적으로 움직이는 팀'이다. 하지만 현실의 많은 조직은 이와는 거리가 있다. 예컨대 '가족 같은 회사'를 자처하는 기업을 떠올려보자. 이런 조직에서는 종종 인간관계가 업무 성과보다 우선시된다. '한 가족이니까 그냥 넘어가자'는 정서 속에서, 업무 기여도가 거의 없는 소위 '월급 루팡' 팀원이 있더라도 문제 삼지 않는다. 모두가 알고 있지만, 굳이 입을 열지 않는다. 괜한 갈등을 만들고 싶지 않기 때문이다. 그 결과, 업무 부담은 조용히 일 잘하는 몇몇 사람에게 몰리고, 그들은 이미 마음속으로 회사를 떠날 준비를 하고 있다.

또 다른 경우는 '워라밸'을 핵심 가치로 여기는 조직이다. "정시에 퇴근하고, 실수 없이 무난하게 일하는 것"이 좋은 직원의 기준이 되는 곳. 이런 분위기에서는 '이 일을 왜 하는가', '어떻게 하면 더 잘할 수 있을까'를 고민하기보다 변화를 회피하고 현상 유지를 선호하는 태도만 남는다.

이처럼 다수의 구성원이 안정성과 관계 중심 문화를 우선시하는 조직에서는 자율과 책임의 구조가 곧 혼란과 무책임으로 전이될 가능성이 크다. 겉으론 자율을 이야기해도, 실제로는 방임이나 책임 전가로 흐르기 쉽다.

넷플릭스식 문화의 도입을 고민한다면, 먼저 우리 팀에 '고성과를 지향하며 자기 기준이 높은 인재'가 얼마나 되는지를 냉정하게 살펴야 한다. 이 핵심 전제가 충족되지 않으면, 시스템이나 구조를 바꾸는 것은 오히려 역효과를 부를 수 있다. 문화의 토대 없이 제도만 바꾸는 시도는, 허공에 집을 짓는 것과 다르지 않다.

2. 경영진의 커뮤니케이션: 맥락 없는 자율은 혼란만 키운다

두 번째 핵심 조건은 경영진이 얼마나 '맥락 중심 커뮤니케이션'을 실천하고 있느냐다. 넷플릭스에서 리더는 '결정하는 사람'이 아니다. 방향을 설계하고, 전략적 맥락을 조직 구성원과 공유하는 사람이다. 그래서 그들은 회의보다 문서, 대화, 타운홀 미팅, 사내 메모에 더 많은 시간을 쏟는다.

하지만 현실의 많은 조직은 아직도 강한 위계와 탑다운 중심의 통제 문화에서 벗어나지 못하고 있다. 전략은 임원실에서 정해지고, 직원들에게는 "이번 분기엔 이거 합니다"라는 한 줄 공지로 떨어진다. 이의 제기는커녕 질문할 구조조차 없다. 타운홀 미팅은 형식적이며, 익명 Q&A도 없고, 공개적인 자리에서의 질문은 '실례'로 여겨진다. 이런 구조에선 "우리는 수평적 소통을 지향한다"는 말도 공허하다. 결국 현장에는 맥락 없는 지시와 불투명한 실행만이 남는다.

반면 넷플릭스는 전략을 적용하기 전, 반드시 이 전략이 왜 필요한지, 어떤 대안을 논의했는지, 리스크와 기회는 무엇인지를 설명한다. 워크숍, 컨텍스트 메모, 질문 기반 토론 등 다양한 수단으로 맥락을 충분히 공유한 다음에야 실행을 시작한다.

내가 함께 일했던 싱가포르인 상사 B는 늘 이렇게 물었다.

"Any objection(이견 있는 사람)?"

이 말은 진심이었다. 맥락을 충분히 이해했는지, 우리가 같은 배에 타고 있는지, 더 나은 대안이 있는지를 묻는 질문이었다. 그는 전략 수립에 대부분의 에너지를 쏟아부었고, 일단 맥락이 정리된 이후엔 모두를 철저히 신뢰했다. 나도 그랬고, 동료들도 마찬가지였다.

'맥락을 공유하는 커뮤니케이션'은 단순한 정보 전달에 관한 것이 아니다. 구성원이 스스로 전략의 주체가 될 수 있도록 만드는 '투자 행위'다. 넷플릭스는 이 투자를 아끼지 않는다. 내가 몸담았던 2년 4개월 동안, 미국 본사의 C-레벨 리더들이 직접 나서서 전략을 설명하고 질문을 받는 자리를 50회 이상 가졌던 것으로 기억한다. 회의 후엔 늘 이런 말로 마무리되곤 했다.

"Let's get back to work(자, 이제 일합시다)."

그러면 똑똑한 구성원들은 각자의 자리로 돌아가 전략을 기준 삼아 자율적으로, 빠르게, 임팩트 중심으로 움직인다.

넷플릭스식 문화를 도입하고자 하는 조직이라면, 이 질문부터 던져야 한다. "우리는 맥락을 공유할 준비가 되어 있는가?"

자율을 주려면 먼저 맥락이 있어야 한다. 그렇지 않으면, 자율은 곧 방임이 된다.

3. 평가방식의 정합성: 전략이 통하게 하고 싶다면 보상부터 바꿔라

넷플릭스식 조직 문화를 도입하려면 마지막으로 반드시 점검해야 할 것이 있다.

"평가와 보상 체계가 전략적 방향성과 제대로 호흡하고 있는가?"

고성과 인재가 있고, 리더가 탁월한 맥락을 제공하더라도, 그 맥락에 따라 움직이는 사람이 손해를 보는 구조라면 그 문화는 절대 오래가지 못한다.

한 장면을 떠올려보자. 어느 브랜드 매니저가 단기 수익보다 장기적 브랜딩에 초점을 맞춘 캠페인을 제안한다. 즉각적인 클릭 수나 ROAS Return on Ad Spend, 즉 광고 투자수익률은 낮을 수 있지만, 6개월~1년 후 브랜드 신뢰와 고객 충성도에 좋은 영향을 줄 전략이었다.

그런데 상사의 반응은 이렇다. "이번 분기 KPI에 안 맞잖아. 일단 숫자부터 채우고 봐. 나도 위에서 쪼는데 버티기 힘들다." 결국 이 매니저는 전략과 마케팅 감각을 모두 갖춘 인재였지만, '회사 성장'과 '개인 실적'이 따로 노는 구조 속에서 자신의 판단을 꺾고 만다. 이는 대다수 조직에서 무척 자연스럽게 벌어지는 일상이다.

"큰 그림을 봐야 한다"는 교육은 하지만, 정작 평가와 보상은 단기 숫자 중심으로 굳어 있다. 게다가 연초에 KPI가 정해지면 아무리 좋은 아이디어가 나와도 중간 수정은 불가능하다. 이런 구조에서 구성원들은 다음과 같은 현실을 학습한다. "전략은 이상이고, KPI가 실존이다." "생각하지 말고, 점수부터 챙겨야 살아남는다."

넷플릭스는 이 단절 구조를 정면으로 뒤집는다. 그들은 단순 성과지표보다 다음의 3가지를 우선순위로 본다.

- 맥락을 고려해 현명한 판단을 내린 사람
- 자율적으로 문제를 해결한 사람
- 조직 전체 전략에 긍정적인 파장을 만든 사람

실적을 낸 사람만이 아니라 전략적 통찰력과 판단의 질이 높은 사람에게 실질적인 보상을 제공한다.

평가 방식도 독특하다. 키퍼 테스트를 통해 "이 구성원을 다시 데려오겠는가?"라는 리더의 주관적 판단을 공식화하고, 피드백과 보상에 반영한다.

또 하나 중요한 점. 넷플릭스는 보너스보다 기본급을 최대한 높인다. 성과급으로 일일이 통제하기보다는, 자율성과 책임하에 실적을 내고, 아니면 이별하는 구조다. 따라서 넷플릭스식 문화를 이식하고자 한다면, 성과관리 시스템도 함께 바꾸는 작업이 필수다. 전략을 이해하고도, 실질적 보상을 받지 못하는 구조에서는 결국 '생각 있는 사람들'이 먼저 회사를 떠난다. 그리고 남은 사람들은 자연스럽게 보상받는 행동만 반복하게 된다. 전략과 무관한 단기 성과, 리스크 회피, 눈치 보기 등이다.

만약 넷플릭스식 자율성을 도입했는데도 구성원들이 전혀 움직이지 않고 '월급 루팡'만 늘어난다면? 그건 문화의 문제가 아니라 평가 방식이 사람을 정반대 방향으로 유도하고 있다는 경고 신호다. 그럴 경우, 조직의 문화 개편은 섣불리 시작할 일이 아니다. 먼저 평가 시스템부터 손보아야 한다.

많은 기업이 넷플릭스의 조직 문화를 동경한다.

덩치는 크지만 빠르고 유연한Big, Fast, Flexible 조직. 누구나 그 문장을 붙잡고 싶어 하지만, 실제로 따라 하기는 쉽지 않다. 넷플릭스를 벤치마킹하려면 제도나 문구보다 먼저 살펴야 할 것이 있다. 바로 조직 철학과 구조의 정합성이다. 다음 질문에 솔직하게 답해보자.

- 우리 팀은 초고성과를 진심으로 지향하고 있는가?
- 우리 리더는 지시보다 맥락 공유에 지겨울 만큼 에너지를 쓰는가?
- 우리 조직의 평가는 단기 실적 외에, 전략적 사고와 자율 기반 실행을 유연하게 반영하고 있는가?

이 3가지에 명확히 답할 수 없다면, '강하게 연결되고, 느슨하게 짝지어진 조직'은 단지 구호에 불과할 가능성이 크다. 포스터에 걸어두기엔 멋지지만, 실제로는 조직을 바꾸지 못하는 선언일 뿐이다.

그러나 이 3가지 질문을 진지하게 성찰하고, 바꿔낼 의지가 있다면, 넷플릭스식 문화는 어떤 조직에서도 현실이 될 수 있다.

핵심은 '구조'가 아니라 사람에 대한 전제에 있다. 넷플릭스는 구성원을 신뢰한다. 그래서 통제 대신 맥락을 주고, 권한과 책임을 함께 준다. 그리고 그 신뢰에 부합하지 않는 사람에겐 명확한 기준과 함께 작별을 고한다. 신뢰는 무조건 베푸는 호의가 아니라 성과와 책임이 맞물려 돌아가는 구조라는 점을 분명히 한다. 다시 말해, 넷플릭스에서의 신뢰는 단순한 인간적 믿음이 아니라 구성원이 실제로 조직의 목표에 기여하고 그 결과를 입증할 때 비로소 유지되고 강화되는 계약에 가깝다.

자, 마지막 질문은 이것이다.
우리 조직의 리더는, 그런 전제를 진심으로 받아들일 준비가 되어 있는가?

8장

돈은 문제가 아니다:
세계 최고 대우의 철학

가장 흥미로운 주제다.

"돈으로 행복을 살 수는 없지만, 돈 없이 행복하기는 어렵다"는 말처럼, 넷플릭스에 몸담았던 사람들이 가장 자주 듣는 질문 역시 '연봉'에 관한 것이다.

여기에서는 민감할 수 있는 기업의 세부 보수 체계나 비공개 수치를 다루지 않는다. 그 대신 넷플릭스가 어떤 철학과 원칙에 따라 인재에게 보상하는지, 「문화 메모」와 실제 사례를 중심으로 조명하고자 한다.

흥미롭게도 넷플릭스는 이 주제에 대해서도 극단적으로 솔직하다.

"Pay Top of Market is Core to High Performance Culture(업계 최고 대우는 초고성과 문화를 만드는 핵심이다)."

이 다소 대담한 선언에 대해 많은 경영자나 조직 행동론 교수들은 고개를 갸웃할지도 모른다. 기업의 동기부여 전략은 돈만이 전부가 아니라고 배웠고, 실제로 그렇게 실행하고 있기 때문이다. 물론 그것도 사실이다.

내가 일했던 세이브더칠드런 같은 NGO에서는 "세상을 구한다"는 자긍심이 가장 강력한 보상이고, 세계 최고 대학의 연구자들은 학문적 명성이 곧 동기다. 국군 장병은 명예를, 고위 공무원은 사명감을, 어떤 기업은 '가족 같은 분위기'를 앞세운다. 세상의 수많은 조직은 저마다의 방식으로 구성원의 동기를 끌어올리려고 한다. 그렇기에 넷플릭스의 원칙은 대립적이라기보다는 오히려 정직하다.

"돈이 전부가 아니다"라는 말은 맞지만, "초고성과 인재에게 가장 효과적인 보상은 업계 최고 수준의 대우다"라는 말도 분명한 진실이다. "나는 돈에 관심이 없다"고 말하는 사람일수록 속으로는 가장 돈에 민감하다는 세간의 풍자가 떠오른다.

넷플릭스는 이를 애써 포장하지 않는다. 성과 중심 조직에서는 돈이라는 도구를 솔직하게 인정하고, 그것을 가장 정직하고 효율적인 방식으로 설계하려 한다. 그 철학은 단순하지만 강력하다.

"탁월한 인재에게는, 시장에서 줄 수 있는 가장 높은 몸값을 지불하라."

그것이 최고의 퍼포먼스를 끌어내는 가장 빠르고 확실한 방법이다.

"신나게 일하라고 최고 대우를 해주는 겁니다"

이번 에피소드의 주인공은 내가 넷플릭스 싱가포르 오피스에 첫 출근한 날, 처음으로 면담했던 인사 담당자 M이다.

2019년 8월, 싱가포르 연안과 항구가 시원하게 내려다보이는 넷플릭스 오피스.

설렘 반, 긴장 반의 마음으로 들어선 그 공간에서, 화상회의로만 몇 번 마주쳤던 그녀와 처음 대면했고, 우리는 가볍게 환영의 포옹을 나누었다. 그녀는 두 개 층으로 구성된 오피스를 함께 둘러보며 구석구석을 소개해주었다. 수십 가지 다과가 마련된 사내 카페에 자리를 잡고, 나는 그녀에게 넷플릭스의 문화에 대해 이것저것 묻기 시작했다.

그날 나눈 대화는 몇 년이 지난 지금도 또렷하다. 특히 채용과 보상에 대한 그녀의 설명은 단순한 인사 브리핑이 아니라 넷플릭스라는 조직의 철학을 그대로 보여주는 순간이었다. 대화 말미, 나는 조심스럽게 질문을 꺼냈다.

"궁금한 게 있어. 정말 고맙긴 한데⋯⋯ 왜 나에게 이렇게 후한 연봉을 제시한 거야?"

그녀는 이 질문을 수없이 들어봤다는 듯, 미소 지으며 단호하게 답했다.

"우리가 너를 최고 대우로 데려온 이유는 간단해. 신나게 일하게 해주기 위해서야."

나는 다시 물었다.

"그래도 대부분의 회사는 합격한 이후엔 연봉을 깎으려고 하잖아. 기존 연봉보다 조금만 올려줘도 충분히 '후한 제안'이라 여기고……."

그녀는 한 템포 숨을 고르더니, 눈빛을 바꾸며 다시 말했다.

"우리는 프로야구단 같은 조직이야. 그리고 너는 우리가 영입한 주전 선수야. 너는 너의 포지션에서 '시장 최고 대우'를 받아야 해. 만약 적당히 만족할 수준만 제안한다면, 너는 일하는 내내 더 높은 연봉을 제시하는 다른 기회에 흔들릴 수밖에 없어. 우리는 그런 걱정 없이 오롯이 회사에 몰입할 수 있도록 세팅해주는 거야. 그래서 넷플릭스 직원들은 굳이 이직을 고민하지 않아."

그 말에 고개는 끄덕였지만, 궁금증은 끝나지 않았다. 예전 컨설턴트 시절 버릇처럼 나는 또 물었다.

"그런데 그렇게 모두에게 최고 대우를 해주면, 인건비 부담이 커져서 회사 수익성에 문제가 되지 않아?"

그녀는 피곤한 기색 하나 없이 의미심장한 미소를 지으며 답했다.

"좋은 질문이야. 그 대신 우리는 세 명, 다섯 명이 해야 할 일을 한 명이 해낼 수 있는 조직을 만들잖아. 말 안 통하는 열 명과 일하는 것보다 말이 척척 통하는 한두 명과 밤새워 끝내는

게 더 나을 때도 있지 않아? 우리는 그런 스타 플레이어들을 모아 정예 조직을 꾸려. 그 기대치에 부합하지 않으면? 넉넉한 위로금을 주고 깔끔하게 작별하지. 우린 서로가 최선을 다한 걸 아니까, 미련 없이 헤어지는 거야."

충성심이 아니라 실력으로 남는다

나의 호기심은 점차 더 깊은 질문으로 향하고 있었다. 실제로 이 질문은 내가 넷플릭스에 합류한 이후, 수많은 국내외 기업의 최고경영자CEO들로부터 가장 자주 받은 공통된 질문이기도 하다. 다양한 주제를 두고 많은 대화를 나눴지만, 그중에서도 지금까지 또렷하게 기억에 남는 질문이 하나 있다.

"그런데 말이야……. 회사가 누군가와 이별을 고할 때, 그걸 받아들이지 못하고 문제 삼는 직원은 없나?"

이 질문에 대한 인사 담당자 M의 대답은 놀라울 정도로 명확하고 통찰력이 있었다. 그녀는 여러 글로벌 기업에서 인사 업무를 오랜 시간 담당해온 베테랑이기도 했다.

"일반 기업이라면 충분히 그런 상황이 생길 수 있어. 그런데 우리는 원칙이 달라. 넷플릭스는 언제나 업계에서 최고 성과를 입증해온 사람만 채용해. 그런 인재들은 자신이 쌓아온 경력과 시장 내 평판을 누구보다 중요하게 생각하지. 그래서 대부분의 경우, 이별을 억지로 끌고 가기보다 회사와의 관계를 성숙하게 받아들이고 합리적인 수준에서 정리한 후 스스로 다음 스텝을 준비해. 물론 아쉬워하는 사람은 있지. 하지만 대체로 그들은 자신이 어디에 가더라도 다시 좋은 성과를 낼 수 있을 거라 믿는 사람들이야. 그래서 이직을 실패나 탈락이 아니라 다음 단계로의 '이동'이라고 생각하지."

그녀의 말은 이 문화가 단순히 인사 정책이나 제도로 가능한 것이 아니라 구성원 스스로가 자기 실력에 대한 확신과 시장에서의 존재감을 체감하는 사람들로 구성되어 있기에 가능한 일이라는 걸 보여주었다.

환영식은 없다, 실전만 있다

그 대화를 나누며 나는 한편으로 강한 인사이트와 자신감을 느꼈지만, 다른 한편으로는 등골이 서늘해지고 식은땀이 났다. 그동안 컨설팅 회사에서 10년 가까이 일하며 쌓은 경력이, 오히려 나를 방심하게 했다. '글로벌 대기업이라면 처음 몇 달쯤은 적응 기간을 주고, 조금은 지켜봐주며 안정적으로 자리 잡을 시간을 줄 것'이라는 안일한 기대를 품고 있었던 것이다.

현실은 전혀 달랐다.

첫 출근 날, 나는 저녁 9시가 넘도록 자리에 앉아 수백 페이지에 달하는 과거 전략 문서를 읽어야 했다.

누구도 "첫날이니 일찍 들어가"라는 말을 하지 않았다. 정확히 말하면, 나도 그런 말을 기대하지 않았던 것 같다. 어디까지나 그것은 '최고의 몸값'을 제안받은 사람으로서의 책임감, 그리고 잘해야 한다는 욕심과 잘할 수 있을까 하는 불안감 사이에서 오는 자연스러운 긴장감이었다.

지금 와서 생각해보면, 다른 동료들 역시 같은 마음이었을 것이다. 그들 역시 각자의 포지션과 경력에서 받을 수 있는 '최고 대우'를 받고 입사했을 테니, 그 순간의 긴장감과 몰입은 어쩌면 공통의 감정이었을 것이다.

구내식당의 화려한 반찬, 생맥주 기계, 임직원 리조트 이용권, 무제한 도서 구매비 같은 복지 혜택? 물론 있으면 좋다. 하지만 넷플릭스는 그 모든 걸 쳐내고 돈으로 준다. 보너스까지 포함해 그냥 기본급에 다 넣어준다.

임팩트는 아주 단순하게 시작된다. 연봉 제안을 받은 순간, 눈이 휘둥그레질 만큼 압도적인 숫자 앞에서 초고성과자들은 자기 몸값이 한 단계 '레벨 업'했다는 실감과 함께 희열을 느낀다.

게임에서 희귀 아이템을 얻고 한순간에 클래스가 바뀌는 듯한 쾌감. 넷플릭스는 그 감정을 현실로 만든다.

그렇게 나는 입사 첫날, 단 3분 만에 넷플릭스가 말하는 "최고의 몸값이 곧 초고성과를 이끄는 가장 효율적인 방식"이라는 철학을 뼛속 깊이 체감했다.

시세를 따르지 않고 시세를 만든다: 넷플릭스의 연봉 철학

이제 다시, 넷플릭스의「문화 메모」로 돌아가보자. 이번에는 회사가 어떤 인재상을 추구하며, 그 인재를 어떻게 영입하고 유지하는지를 살펴보려 한다. 넷플릭스는 채용과 보상의 기준을 3가지 질문으로 명확히 구조화해두고 있다.

- 이 사람이 다른 회사에 간다면, 얼마를 받을 수 있을까?
- 만약 이 사람을 대체해야 한다면, 그 대체 인재에게 얼마를 지급해야 할까?
- 이 사람이 더 좋은 조건의 오퍼를 받았을 때, 우리는 그를 붙잡기 위해 얼마를 제시할 수 있는가?

이 질문들에 대해 넷플릭스는 극히 일관된 원칙으로 답한다.

- 누구도 제안하지 못할 수준으로 준다.
- 대체 인력에게 줄 비용만큼, 혹은 그 이상을 준다.
- 다른 회사가 더 높이 제시한다면, 그 수준에 맞추어 보상한다.

즉 "한눈팔지 않을 정도의 최고 수준 보상"을 보장하는 것이 이 문화의 핵심이다.

놀라운 점은, 이러한 원칙이 단순한 슬로건이 아니라 실제 운영에 적용되고 있다는 사실이다. 함께 일한 동료들 대부분은 업계 최고 수준의 연봉을 받고 있었고, 회사는 아예 '연봉 상한선' 개념을 두지 않았다.

예를 들어 미국 대형 로펌 출신의 경력 7~8년 차 변호사가 20년 경력의 경영지원 디렉터보다 더 높은 연봉을 받는 일이 흔했다. 박사급 엔지니어나 시니어 프로듀서가 지역을 옮기면서, 해당 지역의 시장가에 맞춰 연봉을 재조정받는 일도 자연스러웠다. 직급이나 연차보다 '시장 내 최고 수준Top of Market, TOM'이 우선 기준이었다.

게다가 넷플릭스는 매년 연례행사처럼 시장 조사를 통해 구성원의 TOM을 점검한다. 그리고 조사 결과, 본인의 현재 연봉이 그 기준에 못 미친다고 판단되면, 회사는 '먼저 나서서' 인상 제안을 하기도 한다. 말 그대로 "시세를 따르지 않고 시세를 만든다"는 방식이다.

넷플릭스는 이 모든 것을 메이저리그 프로야구단처럼 운영한다. 한 사람, 한 사람의 포지션과 실력에 따라 보상이 책정되며, 이 조직에서는 누가 몇 년 차인지, 직급이 무엇인지는 그렇게 중요하지 않다.

중요한 것은 단 하나다. 당신이 지금, 이 시장에서 어떤 가치를 지니고 있는가? 그에 따라, "주저 없이 최고가를 지불하겠다"는 넷플릭스의 선언은 단순한 연봉 정책이 아니라 초고성과 문화를 유지하기 위한 철학의 실천이기도 하다.

넷플릭스식 퇴사의 품격

"축하합니다. 홍콩으로 올 날을 기다리겠습니다."

이번에는 2021년 12월, 내가 넷플릭스를 떠나던 시점으로 돌아가보자. 당시 나는 경영 컨설팅 회사 시절보다 훨씬 높은 연봉을 받고 있었고, 직장 생활에 대한 만족도도 높았다. 그런데 운 좋게도, 한 미국계 금융회사의 홍콩 지역 본부에서 임원급 포지션 오퍼를 받게 되었다.

그 순간 문득 호기심이 생겼다.

'이 경우에도 과연 넷플릭스는 나를 붙잡을까?'

한국과 홍콩의 시장 연봉 자체가 다르고 전략 컨설턴트와 금융 임원의 시장가치도 전혀 다르며, 무엇보다 회사는 '금융 임원'이 아니라 '한국에서 전략을 리딩할 팀장' 포지션을 필요로 했기 때문이다.

회사 입장은 명료했다.

"넷플릭스는 해당 시장과 포지션에서 그 사람이 받을 수 있는 최고 수준의 보상을 보장한다. 하지만 그 사람이 전혀 다른 시장과 역할로 옮길 경우, 기존 조건을 그대로 유지해줄 이유는 없다."

어찌 보면 너무도 당연한 이야기다. 야구로 비유하자면, 공을 잘 받아내던 3루수가 어느 날 갑자기 "오늘부터 투수를 할 테니 연봉을 올려달라"고 하면, 팀은 새로운 3루수를 찾는 것이 훨씬 합리적인 선택일 것이다.

사직 의사를 전하기 전, 나는 상사였던 싱가포르인 앨빈 푸 Alvin Foo와 미팅을 가졌다. 그는 난처한 표정을 지으며, 오랜 고민 끝에 그렇게 말했다. "우리는 '팀장급 전략 컨설턴트'가 필요한 것이지, '홍콩 금융사 임원'을 원하는 것은 아니야." 이 말은, 이직을 만류하지 않겠다는 의미였다. 그의 말은 놀랍지 않았다. 이미 예상했던 답이었다.

넷플릭스는 늘 'What's Best for Netflix'를 기준으로 판단한다. 리소스를 어떻게 쓰는 것이 조직 전체에 가장 이로운가, 그 관점에서 생각하는 문화가 체화되어 있었다.

앨빈 역시 나와 유사한 연차의 전략 컨설턴트를 새로 채용하는 것이 더 나은 선택일 수 있다는 현실적인 판단을 내린 것이다. 우리는 서로의 선택을 존중했고, 이별의 과정도 우아하게 마무리할 수 있었다. 약 2주간의 인수인계 기간에 나는 내 역할을 성실히 넘겨주었고, 동료들과 작별의 인사를 나누며 다음

만남을 기약했다. 만남도 헤어짐도 아름다웠다. 그 과정 내내 우리는 극단적으로 솔직했고, 상호 신뢰를 바탕으로 마지막까지 흔들림 없이 일했다.

퇴사한 지 3년이 지난 지금도 나는 앨빈을 비롯한 전 직장 동료들과 여전히 그룹 채팅방에서 소통하고 있다. 좋은 이별은 다시 좋은 인연으로 이어진다. 넷플릭스는 그런 이별의 문화를 갖춘 조직이었다.
"최고의 복지는 최고의 동료다."
그리고 나는 알게 되었다.
"그 최고의 동료로 이루어진 조직은, 최고의 몸값을 보장할 때 유지된다."

넷플릭스 웨이

잘하는 사람에게 아낌없이, 못하면 빠르게 퇴장

넷플릭스의 '최고의 몸값Pay Top of Market' 철학은 다른 일반 기업에서도 적용 가능할까? 이 질문은 넷플릭스 입사 후 여러 차례 접한 주제였다. 특히 CEO, CHRO 등 다양한 기업의 리더들과의 대화에서 자주 언급되었고, 실제로 이 모델을 도입하고자 자문이나 워크숍을 요청한 사례도 있었다. 그러나 이 모델을 기존 기업에 그대로 이식하기란 결코 쉽지 않다. 몇 가지 핵심 전제가 필요하기 때문이다.

1. 유연한 고용 구조가 전제되어야 한다

가장 본질적인 조건은 '극단적으로 유연한' 고용 구조다. 넷플릭스는 한 사람에게 세 명 몫의 연봉을 지급하되, 기대에 미치지 못할 경우 신속하게 이별할 수 있어야 한다는 전제를 깔고 있다. 이는 해고가 상대적으로 자유롭고, 개인 중심 계약 문화가 일반화된 미국 같은 환경에서만 가능한 접근 방식이다.

하지만 한국은 정규직 고용 보호가 강하고, 해고 사유가 엄격하게 제한되어 있다. 이런 환경에서 넷플릭스식 고용 모델을 그대로 적용하면 곧바로 부당해고 논란이 불거지고, 노동청 조사나 법적 분쟁으로 이어질 수 있다. 일본은 '종신고용'을 전제로 한 문화적 장벽이 있고, 프랑스·독일·이탈리아 등 유럽 주요국들도 해고 요건이 까다롭기로 유명하다. 즉 고용이 유연하지 않은 환경에서는 '최고 대우 + 빠른 결별'이라는 구조 자체가 설계되기 어렵다.

이 모델은 메이저리그 선수처럼 계약도 유연하게 하고, 이별도 유연하게 할 수 있을 때만 실현 가능하다. 따라서 이 문화를 벤치마킹하고자 하는 기업이라면, 단순히 보상 정책만 들여올 것이 아니라 자신이 속한 국가의 고용법과 기업 문화가 이 유연성을 얼마나 수용할 수 있는지부터 면밀히 검토해야 한다.

2. 산업의 특성과 역할 기대치의 차이

두 번째로 중요한 조건은 산업의 특성이다. 창의성과 자율성이 핵심 경쟁력인 산업에서는 한 사람의 몰입이 곧 조직의 성과로 직결된다. 콘텐츠 제작, 소프트웨어 개발, 전략 컨설팅, 디자인 업계 등이 대표적이다. 이런 산업에서는, 업계 최고 수준의 보상을 제공해 최고의 몰입 상태를 이끌어내는 것이 매우 합리적인 전략이다.

반면, 전통 제조업이나 금융업, 공공기관처럼 시스템 중심의 안정성과 반복성이 중요한 산업에서는 상황이 다르다. 이들 조직은 구조 자체가 프로세스 기반으로 설계되어 있어, 뛰어난 혁신가가 합류하더라도 조직 전체의 성과에 미치는 영향이 제한적일 수 있다. 이럴 경우 전 구성원에게 동일하게 '최고의 몸값'을 적용하는 것은 비효율적일 수 있다.

따라서 다음과 같은 선별적 적용 전략이 현실적이다. 기존 인사 구조는 유지하되, 디지털 전환 부문, 핵심 R&D, 글로벌 전략 기획 등과 같이 고난도 전문성과 창의성이 동시에 요구되는 일부 직군에만 TOM Top of Market 방식을 도입하는 것이다. 모든 인력에게 일괄 적용하기보다는, 핵심 인재군을 중심으로 하이브리드 방식으로 설계하는 것이 지속 가능하고, 기업의 비용 구조에도 부합한다.

3. 직무 특성: 보상의 구조는 '성과 설계'와 함께 가야 한다

마지막으로 중요한 요소는 직무의 특성이다. 투자은행의 세일즈 및 트레이딩, 자동차 영업사원, 헤지펀드의 펀드매니저처럼 성과에 따라 인센티브가 크게 좌우되는 직무에서는 고정 연봉은 낮고 성과급 비중이 압도적으로 높은 보상 구조가 일반적이다. 이런 환경에서는 넷플릭스식 TOM 모델을 고정급 중심으로 그대로 이식하기 어렵다.

그렇다고 해서 TOM 철학을 전면 배제할 필요는 없다. 그 대신, 해당 직무의 동기 메커니즘에 맞게 조정된 형태로 적용하는 방식이 가능하다. 예를 들어 기본 연봉은 업계 평균 수준으로 설정하되, 성과가 일정 수준을 넘으면 경쟁사가 따라올 수 없을 정도의 파격적인 성과 인센티브를 계단식 구조로 제공하는 것이다. 이는 이미 시타델Citadel, 밀레니엄Millennium과 같은 글로벌 플랫폼 헤지펀드들이 활용하고 있는 전략으로, '결과를 내면 그 누구보다 확실히 보상하겠다'는 명확한 메시지를 통해 강력한 몰입과 자율을 유도한다.

핵심은, 연봉이라는 숫자를 일률적으로 설계하지 말고, 각 직무가 어떤 성과 논리 위에서 작동하는지를 정밀하게 반영해 구조화해야 한다는 점이다.

결론적으로 넷플릭스의 'Pay Top of Market' 철학은 단순한 고연봉 정책이 아니다. 이는 최고의 인재를 확보하고, 자율과 책임이 결합된 초고성과 문화를 정교하게 설계하기 위한 전략적 수단이다. 이 원칙은 조직을 소수 정예화하고, 리더십의 판단력을 극대화하며, 인재의 몰입을 유도하는 매우 강력한 구조다.

하지만 이 철학을 단순히 '연봉을 많이 퍼주는 방식'으로 오해하거나, 제도적 기반 없이 겉모습만 따라 하게 되면, 오히려 조직 내 위화감, 재정적 압박, 리더십 신뢰 붕괴 등 역효과가 날 수 있다. 각 조직은 자신이 처한 환경에 맞춰 이 철학을 얼마나, 어디에, 어떤 방식으로 변형 적용할지를 고민해야 한다.

"국가의 고용 구조는 유연한가? 산업의 본질은 창의 기반인가, 시스템 기반인가? 해당 직무의 동기 메커니즘은 성과 기반인가, 안정 기반인가?" 이런 질문에 성실하게 답하고 나면, 넷플릭스식 초고성과 문화를 자신만의 방식으로 구현하는 첫걸음을 내디딘 셈이다.

'철학'이 먼저고, '복지'는 그 결과다.

"그런데 그렇게 모두에게 최고 대우를 해주면, 인건비 부담이 커져서
회사 수익성에 문제가 되지 않아?"
그녀는 피곤한 기색 하나 없이 의미심장한 미소를 지으며 답했다.

"좋은 질문이야. 그 대신 우리는 세 명, 다섯 명이
해야 할 일을 한 명이 해낼 수 있는 조직을 만들잖아.
말 안 통하는 열 명과 일하는 것보다
말이 척척 통하는 한두 명과 밤새워 끝내는 게
더 나을 때도 있지 않아?
우리는 그런 스타 플레이어들을 모아 정예 조직을 꾸려.
그 기대치에 부합하지 않으면?
넉넉한 위로 금을 주고 깔끔하게 작별하지.
우린 서로가 최선을 다한 걸 아니까, 미련 없이 헤어지는 거야."

9장

교육하지 않는다, 실전에 던진다: 승진과 자기계발

세계 최고의 엔터테인먼트 기업이자, 기묘하고도 환상적인 조직 문화를 지닌 넷플릭스. 그렇다면 이곳의 인재 개발 철학은 어떤 구조로 되어 있을까? 과연 다른 글로벌 대기업처럼 체계적인 육성 코스, 신입 교육 프로그램, 승진 로드맵 등 정교한 시스템을 갖추고 있을까?

넷플릭스 「문화 메모」의 마지막 장, '승진과 자기계발Promotion & Development' 항목에서 우리는 뼈를 때리는 한 문장을 마주한다. "당신의 커리어는 당신이 관리해야 한다. 회사에 의존하지 마라Individuals should manage their own career paths, and not rely on a corporation for planning their careers." 이 한 문장이 넷플릭스가 '승진'과 '자기계발'이라는 주제를 어떻게 바라보는지, 그 철학을 압축적으로 보여준다.

전통적인 기업이라면 보통 직원의 커리어를 회사가 설계하고, 연차별 요구 역량에 따라 교육 기회를 제공하며, 명확한 승진 절차와 평가 기준을 마련해둔다. 직군마다 커리큘럼이 있고, 인재개발팀이 이를 체계적으로 운영한다. 그러나 '메이저리그 선수단처럼 운영되는' 넷플릭스의 답은 다르다.

"그건 당신 몫이다."

당신의 성장, 다음 단계로의 도약 혹은 새로운 기회를 설계하는 일은 회사가 아닌, 오롯이 당신 스스로의 책임이라는 것이다. 회사란 당신의 커리어 목표를 위한 수단일 수는 있지만, 설계자designer는 아니다. 이 철학은 자기 주도성과 내적 동기를 핵심으로 하는 넷플릭스식 성과 문화의 연장선에 있다.

그 자리에 가장 적합한 사람을 당장 데려온다

대부분의 기업은 경력 성장을 '사다리' 구조로 설계한다. 일정한 연차, 일정한 성과가 쌓이면 자연스럽게 다음 직급으로 올라간다. 연차에 따라 매니저가 되고, 팀장이 되고, 임원이 되는 구조다. 그러나 넷플릭스는 이와 다르다. 승진을 수직 이동으로 보지 않는다. 그보다는 조직 내에서 가장 큰 임팩트를 낼 수 있는 사람이, 가장 적절한 타이밍에 그 자리에 배치되는 것이 승진의 전부다.

넷플릭스에서는 "몇 년 일하면 자동으로 승진" 같은 공식이 없다. 연차나 충성도에 기반한 보상이 아닌, "무엇이 지금 넷플릭스에 최선인가"를 기준으로 판단된다. 결과적으로 모든 직원은 프로페셔널로 고용된 정규직이면서도, 동시에 프리랜서처럼 자율성과 독립성을 지닌다.

가령 어떤 매니저가 정말 뛰어난 성과를 내고 있다고 해도, 만약 외부에서 그보다 더 뛰어난 임원을 데려올 수 있다면 넷플릭스는 주저 없이 후자를 택한다. 사내 승진은 철저히 외부 채용보다 나은 인재를 구할 수 없을 때만 일어난다. 그래서 사내 승진이 통상적인 다른 기업보다 적은 편이다.

이처럼 승진이 드물게 이루어지기도 하고, 설령 승진하더라도 곧바로 '키퍼 테스트'가 적용된다. 과거 성과에 기반해 올라갔다고 해서 관성적으로 자리를 보장하지 않는다. 오히려 더 높은 몸값에 맞는 더 높은 기대치가 즉시 따라붙는다. 그래서 넷플릭스에서는 승진 후 몇 개월 만에, 기대에 미치지 못한다는 이유로 이별을 통보받는 경우도 있다. 일반 기업에서처럼 "일단 승진하면 몇 년은 버틸 수 있다"는 말은 통하지 않는다.

"누군가가 승진했다면, 우리는 그가 그 수준에서 성공하는지 살펴본다. 아니라면 오래 남지 못할 것이다If someone has been promoted, we look to see if they are succeeding at the next level. If not, they may not last long."

이 문장에는 암묵적인 경고가 담겨 있다. 넷플릭스에서 '승진'은 단순히 지위 상승이 아니라 더 높은 무대와 더 밝은 스포트라이트 속으로 올라서는 일이며, 동시에 더 무거운 책임과 더 큰 실패의 가능성을 떠안는 일이다. 흥미로운 점은 승진이 곧 더 많은 인원을 관리한다는 뜻은 아니라는 것이다. 30년 차 임원조차 팀원 없이 혼자 일하기도 하고, 반대로 어떤 프로젝트에서는 3년 차 직원이 리더를 맡아 그 아래 20년 차 임원이 참여하기도 한다. 철저히 전문성과 과업 단위에 따라 수평적 협업이 작동하는 시스템이다. 마치 잘 짜인 프로페셔널 펌 Professional Firm처럼 굴러간다. 즉 넷플릭스는 '백스테이지의 사다리'가 아닌, '무대 위의 스포트라이트'를 중심으로 경력을 설계한다.

넷플릭스 아시아에서 마케팅 캠페인을 담당하던 K는 업계에서 실력을 인정받는 인재였다. 외부 에이전시에서 커리어를 쌓은 후 인하우스 마케터로 조인한 그는 평균 재직 기간을 훨씬 웃도는 기간 동안 근무했고, 성과도 확실했다.

어느 날 그의 상사가 회사를 떠났고, 해당 포지션이 공석이 되었다. 다른 기업 같았으면 K가 자연스럽게 그 자리를 승계했을 것이다. 나 역시 그의 오랜 근속과 실적을 보며 그렇게 될 줄 알았다. K는 주변 동료들을 만나며 이렇게 말했다.

"제가 지난 5년 동안 만든 성과를 보시면, 제 상사가 하던 역할도 충분히 해낼 수 있습니다. 저도 도전하고 싶어요."

하지만 넷플릭스는 그 기대에 응하지 않았다. 기준은 여전히 "넷플릭스에 가장 최선은 무엇이지?"였다. 회사는 K가 캠페인 매니저로는 훌륭하나, 전체 팀을 이끌 디렉터급 리더로서는 아직 준비되지 않았다고 판단했다.

"당신은 유능한 캠페인 매니저지만, 우리는 더 높은 수준의 경험과 연륜을 갖춘 디렉터가 필요합니다. 이번에는 외부에서 영입하려 합니다."

그 자리는 결국 다년간 임원 경험을 쌓은 외부 인재로 채워졌고, K는 넷플릭스를 떠났다. 그 역시 지금 자신의 커리어를 새롭게 이어가고 있다. 이 사례는 넷플릭스 인사 철학의 핵심을 명확히 보여준다. 넷플릭스는 '앞으로 잘할 것 같은 사람'에게 기회를 주는 조직이 아니다. 이미 준비된 사람, 그 분야에서 탑을 찍어본 사람을 원한다. 그 자리에서 지금 당장 성과를 낼 수 있는 사람을 데려오는 조직이다.

넷플릭스가 인재를 판단하는 단 하나의 질문

넷플릭스에는 연말 인사고과가 없다. KPI도 없고, 공식적인 성과 리뷰도 없다.

"진짜 없어요?"

내가 넷플릭스에 몸담았을 때, 수많은 기업 경영진이 가장 많이 던진 질문이 바로 이것이었다.

"정말 없습니다. 진짜로요."

그러나 '평가가 없다'는 말이, '성과관리가 느슨하다'는 뜻은 아니다. 오히려 넷플릭스는 전통적인 평가 방식 대신, 훨씬 더 강력한 실시간 도구를 사용한다. 바로 즉각적이고 솔직한 피드백 문화다. 넷플릭스에서 피드백은 정형화된 표나 양식이 아닌, 끊임없는 대화 속에서 이루어지는 살아 있는 과정이다. 그것도 상하 관계에 구애받지 않고 동료들 사이에서 자유롭게 오가는 솔직한 이야기들이다.

이 회사에서 진짜로 존중받는 사람은 누구일까? 문제를 피해 가는 사람이 아니라 문제를 직면하고 개선점을 알려주는 사람이다. 그래서 넷플릭스에서는 '기분 상하지 않게 돌려 말하는 법'보다 '상대의 성장을 돕는 직설'이 훨씬 더 가치 있게 통한다. 이 피드백은 일방적인 충고가 아니다. 항상 건설적인 방향과 상호 존중을 전제로 하며, 핵심은 '애정 어린 직설Constructive Candor'이다.

이 문화를 상징적으로 보여주는 개념이 앞서 몇 차례 언급한 '키퍼 테스트'다. 넷플릭스의 모든 리더는 주기적으로 스스로에게 다음과 같은 질문을 던진다. "나는 이 팀원을 지키기 위해 싸울 것인가?" 이 질문에 확신을 갖고 "그렇다"라고 답할 수 없다면, 그 구성원은 더 이상 팀에 남기 어려울 수도 있다. 이 기준은 냉정해 보일 수 있지만, 그만큼 조직과 개인 모두에게 명확한 시그널을 제공한다. "지금의 퍼포먼스가 과연 팀의 기대치를 충족하고 있는가?"라는 질문이 실시간으로 업데이트되는 셈이다.

이러한 맥락은 넷플릭스의 승진 원칙과도 맞닿아 있다. 넷플릭스에서의 승진은 타이틀 경쟁도 아니고, 연차를 따라 자동으로 부여되는 권한도 아니다. 중요한 것은 얼마나 오랫동안 일했는가가 아니라 얼마나 많은 동료로부터 "함께 일하고 싶다"는 신뢰를 얻고 있는가이다.

넷플릭스의 「문화 메모」에는 이렇게 분명하게 적혀 있다.
"승진을 목표로 일하지 마라."

왜일까? 승진이 목표가 되는 순간, 사람은 상사의 눈치를 보게 되고, 단기 실적에 집착하게 되며, 실수하지 않는 선택만 반복하게 된다. 이것은 진짜 성장을 가로막는다.

하지만 넷플릭스가 지향하는 성장은 다르다. 날것의 피드백을 통해 자신의 부족함을 인식하고, 그걸 스스로 개선해나가는 사람, 그런 사람만이 조직 안에서 자연스럽게 성장한다.

내가 가장 깊이 느꼈던 순간도 그랬다. "내가 잘하고 있는 걸까?"라고 불안감을 느낄 때, 넷플릭스에서는 연말 고과표 대신 돌아오는 말이 있었다. "이건 좀 아쉬웠어. 다음엔 이렇게 해보면 어때?", "이번 프로젝트에서 네 리드가 없었다면 이런 결과는 없었을 거야."

 이런 피드백이 매일 오가다 보면, 성장은 피할 수 없는 결과가 된다. 성적표 몇 줄이 아니라 탁월한 동료들로부터 매일 진심이 담긴 "Yes"를 듣는 사람, 그게 바로 넷플릭스가 말하는 진짜 성장의 기준이다.

넷플릭스 웨이

넷플릭스에는 연습 경기가 없다

"신입사원 교육 프로그램은 없나요?"

2019년 8월, 나는 처음으로 싱가포르 넷플릭스 아시아 리전 오피스에 출근했다. 첫날 인사 담당자에게 가장 먼저 던진 질문이었다. 그의 대답은 간단했다.

"없어요. 당신의 상사가 이제부터 알려줄 거예요."

실제로 넷플릭스에는 공식적인 온보딩 교육이나 표준화된 커리큘럼, 사내 MBA 과정 같은 것이 없다. 새로운 기술 도입에 따른 브리핑, 자발적으로 열리는 동료들의 지식 공유 세션은 종종 있지만, 그것이 전부다. 이처럼 넷플릭스는 구성원 개개인을 '가르쳐야 할 사람'이 아닌, 이미 프로로 준비된 사람으로 본다. 그래서 다음과 같은 말을 자주 쓴다.

"우리는 어린이를 뽑지 않는다. 메이저리그 선수를 뽑는다(We do not hire young kids, we hire major leaguers)."

실제로 학부생이나 신입 캠퍼스 리크루팅은 거의 없다. 예외적인 경우가 아니면 모든 채용은 일정 경력 이상을 전제로 한다.

자기계발 역시 회사가 알아서 챙겨주지 않는다. 각자 자신의 필요에 따라, 비즈니스 임팩트와 연결된 방식으로 자율적으로 성장해야 한다. 넷플릭스「문화 메모」에서는 이를 명확하게 선언한다.

"우리는 사람들에게 스스로 성장할 기회를 준다. 탁월한 동료들과 도전적인 과제를 곁에 두는 방식으로(We develop people by giving them the opportunity to develop themselves by surrounding them with stunning colleagues and giving them big challenges to work on)."

즉 넷플릭스에서 자기계발이란 교육 프로그램을 수강하는 것이 아니라 최고의 동료들과 일하면서 실전 속에서 성장했다.

내 경험이 그랬다. 따분한 파워포인트 강의를 듣고 성장한 기억은 없다. 오히려 나와 수준이 비슷하거나, 그보다 뛰어난 수십 수백 명의 동료들 사이에서 긴장하며 일했고, 그 안에서 빠르게 성장했다.

예를 들어 내 업무 외에도, 바다 건너 대만의 애니메이션 마케팅 전략 보고서 작성에 자원해 참여하기도 했다. 자발적으로 파란 눈의 글로벌 마케팅 책임자에게 피드백을 요청했고, 그 리뷰 덕분에 내 시야는 훨씬 넓어졌다. 그 보고서는 이후 다른 아시아 국가에서도 참고 자료로 활용되었다. 그 경험을 가능하게 한 것은 '교육'이 아니라 내 옆에 있었던 동료들이었다. 넷플릭스가 말하는 "최고의 동료가 최고의 복지"라는 원칙은 여기에도 적용된다.

최고의 동료가 곧 최고의 선생님이다.

최고의 동료가 최고의 인재개발원이다.

이 회사에서 진짜로 존중받는 사람은 누구일까?

문제를 피해 가는 사람이 아니라
문제를 직면하고 개선점을 알려주는 사람이다.

그래서 넷플릭스에서는 '기분 상하지 않게 돌려 말하는 법'보다
'상대의 성장을 돕는 직설'이 훨씬 더 가치 있게 통한다.

이 피드백은 일방적인 충고가 아니다.
항상 건설적인 방향과 상호 존중을 전제로 하며,
핵심은 '애정 어린 직설'이다.

10장

우리 조직에 적용하기: 어디까지, 어떻게

넷플릭스의 독특한 문화를 처음 접한 사람들은 대개 이렇게 말한다.

"말도 안 돼. 이게 진짜 가능해?"

10년 가까이 국내외 선도 기업들을 대상으로 컨설팅을 해온 경험을 바탕으로 말하자면, 넷플릭스는 전 세계에서 가장 비범하고 실험적인 방식으로 운영되는 기업이다. 법적 이슈가 발생할 수 있는 일부 영역을 제외하면 사실상 규칙이 없다. 구성원에게는 극도의 자율이 주어지고, 동시에 채용과 퇴사의 기준은 상상 이상으로 냉정하다.

여기서 일하는 사람들은 업계 최고 수준의 동료들과 협업하며, 누구나 피드백을 주고받고, 이견을 제시하고, 중요한 프로젝트의 리더가 될 수 있다. 물론 이 모든 자유는 '최고의 대우'와 함께 '최고의 책임'을 요구하는 시스템 위에서만 작동한다.

그렇다면 이런 문화를 일반적인 조직에 적용할 수 있을까?

결론부터 말하자면, 전체를 그대로 옮기는 것은 거의 불가능하다. 그러나 핵심적인 기업정신과 문화적 원칙은 얼마든지 '우리 조직에 맞는 방식'으로 커스터마이즈할 수 있다. 중요한 것은 '넷플릭스처럼 되자'가 아니라 '넷플릭스는 왜 그런 선택을 했는가'를 이해하고, 그 철학을 우리의 맥락에 맞게 설계하는 것이다.

넷플릭스의 문화는 개별적인 미덕들이 단순히 나열된 것이 아니다. 하나의 유기적이고 정교한 시스템이다. 판단력, 커뮤니케이션, 임팩트, 호기심, 혁신, 용기, 열정, 정직, 이타심……. 이 9가지 핵심 가치는 서로 얽히고 맞물려 돌아가는 문화적 톱니바퀴다. 각 가치들은 단독으로 존재하지 않고 서로를 보완하거나 견제하며 조직 전체의 균형을 이룬다.

예를 들어 '판단력Judgement'은 개인의 사고력만으로 완성되지 않는다. 판단은 정보 위에서만 작동하기 때문에, 넷플릭스는 '극단적 투명성Extreme Transparency'을 바탕으로 구성원 모두에게 필요한 정보를 공유한다. 하지만 이 정보는 탁월한 커뮤니케이션 역량이 뒷받침되지 않으면 제대로 전달되지 않는다. 복잡한 맥락을 명료하게 설명하고, 오해 없이 방향성을 조율하는 역량이 있어야 실제로 투명성이 기능한다.

이 다음에 등장하는 핵심 가치가 바로 '호기심Curiosity'이다.

자신의 업무 외 영역에도 깊은 관심을 갖고, 기술과 데이터, 시장의 흐름까지 탐색하려는 태도 없이는 앞선 판단력과 커뮤니케이션 모두 공허해진다. 넷플릭스에서는 이런 호기심이 '즉흥적 창의성'이 아니라 조직을 작동시키는 기본 에너지로 작용한다. 예컨대 시장 전략팀이 엔지니어링팀의 AI 리포트를 읽고 콘텐츠 수요 예측 모델을 바꾸자고 제안하는 일은 단순한 협업 수준이 아니다. 호기심과 투명성이 전제된 환경에서만 가능한 일이다.

여기서 중요한 것이 '임팩트Impact'다. 많은 정보를 공유하고 훌륭한 아이디어가 오가더라도 실제 변화나 결과가 없다면 아무 소용이 없다. 넷플릭스는 실행의 기준을 '양'이 아닌 '질'로 판단한다.

"핵심 과제를 해결했는가?"

"고객에게 실질적 가치가 전달되었는가?"

아이디어보다 결과, 문서보다 임팩트. 이 원칙이 넷플릭스를 움직이는 실행 철학이다. 판단력, 커뮤니케이션, 호기심이라는 3가지 덕목은 임팩트를 가능하게 만들고, 반대로 임팩트가 다시 3가지 가치를 더욱 강화한다.

넷플릭스의 조직 문화는, 그 자체로 하나의 정교한 회로처럼 작동한다. 그 회로 전체를 복제하는 것은 불가능할 수 있지만,

어떤 원리로 이 회로가 움직이는지를 이해하면, 자기 조직에 꼭 맞는 작동 원리와 설계로 발전시킬 수 있다. 진짜 적용은 거기서부터 시작된다.

이러한 실행이 가능하려면 '혁신Innovation'이라는 가치가 별도로 작동해야 한다. 익숙하고 반복적인 방식을 고수하는 것이 아니라 문제를 바라보는 관점 자체를 전환하는 힘이 필요하다. 혁신은 멋진 구호가 아니라 조직 내부의 모든 구조를 다시 설계하고 재조립하는 실천 역량이기 때문이다. 넷플릭스는 단순히 신기술을 도입하는 데 그치지 않고 기존의 마케팅 규칙 자체를 의심한다. 전환율이 아닌 대화량conversation volume을 중심 지표로 삼은 '컨버세이션 마케팅Conversation Marketing'은, 기존 KPI가 진정한 임팩트를 포착하지 못한다는 판단에서 비롯된 대표적인 혁신 사례다.

이러한 혁신을 떠받치는 기반은 '정직함Candor'과 '배려Inclusion'이다. 아무리 뛰어난 역량을 가졌더라도, 솔직한 피드백을 주고받을 수 없는 사람은 신뢰받지 못한다. 또한, 다양한 배경을 가진 동료들이 서로의 의견을 존중하지 않으면, 호기심과 창의성은 협업이 아닌 갈등으로 번질 수 있다. 정직함과 배려(포용성)는 넷플릭스가 수평적이고 자율적인 조직으로 작동하기 위한 핵심 기반이다.

여기에 '자기계발Development'과 '책임Responsibility'이라는 축이 더해진다. 넷플릭스는 정기 승진이나 경력 사다리를 보장하지 않는다. 각자가 자신의 성장 곡선을 스스로 설계하고, 회사는 그 책임과 권한을 온전히 개인에게 위임하는 '인폼드 캡틴Informed Captain' 모델, 즉 '가장 많이 아는 사람이 결정하는 구조'를 채택하고 있다.

이러한 상호작용의 결과는 '최고의 보상 수준Pay Top of Market'이라는 원칙과 연결된다. 여기서 말하는 최고 보상은 단순히 업계 평균을 웃도는 급여만이 아니다.

결국 넷플릭스의 '자유와 책임Freedom & Responsibility' 문화가 작동하는 이유는, 구성원 개개인이 9가지 핵심 덕목을 내면화하고, 그것들을 유기적으로 연결해내기 때문이다. 넷플릭스는 구성원에게 최고의 자율을 보장하는 대신 '판단력, 커뮤니케이션, 임팩트, 호기심, 혁신, 용기, 열정, 정직, 이타심'이라는 9가지 덕목을 실질적으로 수행할 것을 기대한다. 이 기대 수준은 상사나 평가표가 아니라 대체 불가능한 동료들로부터의 실시간 피드백을 통해 검증된다.

이 조직에서는 보고가 없어도 방향이 정렬되고, 규칙이 없어도 기준이 유지되며, 감독이 없어도 실행이 이루어진다. 이 문화는 제도 몇 가지로 흉내 낼 수 있는 것이 아니라 긴밀하게 맞물린 가치 시스템 위에서만 작동한다.

자유는 책임을 전제로 한다. 넷플릭스의 자유와 자율은 그저 느슨한 분위기를 의미하는 것이 아니다. 그 자유는 탁월한 자기 주도성과 철저한 책임의식 위에서만 작동할 수 있다.

결론적으로, 넷플릭스의 문화를 단순히 좋은 제도 몇 개로 구성된 '모듈'처럼 접근하는 것은 위험하다. 이 조직의 문화는 각 요소들이 서로 영향을 주고받으며 유기적으로 작동하는 시스템이다. 만약 조직이 진정한 변화와 혁신을 원한다면, 이 9가지 덕목을 기반으로 서로 연계된 구조를 설계하고, 상호작용을 통해 강화되는 문화를 구축해야 한다. 그래야만 넷플릭스가 구현한 "자유와 책임, 최고 수준의 보상과 기준, 창의성과 실행력, 탁월한 동료들이 함께 일하는 직장"이라는 본질을 우리 조직의 현실에 맞는 방식으로 구현할 수 있다.

다음으로는 이러한 유기적 문화 톱니바퀴에서 특히 중요한 몇 가지 축을 중심으로, 실제 조직에서 실험적으로 적용할 수 있는 전략과 실행 방안을 정리하고자 한다.

'부분 이식'부터 시작하라

많은 조직이 글로벌 선도 기업의 문화를 벤치마킹할 때 흔히

저지르는 실수가 있다. 바로 '한꺼번에 모든 걸 바꾸려는 조급함'이다. 넷플릭스식 문화를 도입할 때도 마찬가지다. 평가 제도, 연봉 체계, 조직 구조, 리더십 방식, 회의 문화, 채용과 해고 원칙까지 전방위적으로 동시에 바꾸려 하면 구성원들은 혼란에 빠지고, 특히 중간관리자들은 방어적으로 반응하기 쉽다.

가장 현실적인 전략은 '일부만, 작게, 그리고 명확하게' 시작하는 것이다. 예컨대 한 부서에만 '인폼트 캡틴Informed Captain' 제도를 시범적으로 도입해볼 수 있다. 프로젝트를 진행할 때 직급이 아니라 실질적 전문성과 실행력을 가진 사람에게 최종 결정권을 부여하는 방식이다. 물론 그에 따르는 책임도 함께 지게 된다. 이 제도를 통해 기대할 수 있는 가장 큰 변화는 '의사결정 속도의 비약적인 개선'과 '책임 소재의 명확화'다.

이처럼 전 조직을 한 번에 바꾸기보다 작은 단위에서 실험하고, 그 결과를 바탕으로 점진적으로 확장해나가는 것이 가장 효율적인 접근이다. 조직 문화는 '선언'이나 '지시'로 만들어지지 않는다. 구성원의 공감과 자발적인 경험 축적을 통해서만 비로소 작동하는 시스템이다.

피드백과 투명성은 모든 변화의 출발점이다

넷플릭스 문화를 한 단어로 정의하자면 바로 '정직함Candor'

이다. 넷플릭스 공동 CEO인 테드 사란도스Ted Sarandos는 타운홀 미팅에서 늘 이렇게 말한다.

"To be extremely candid……(정말 솔직하게 말하자면……)."

이 말은 단순한 수사가 아니라 넷플릭스 조직 문화의 핵심을 상징한다.

이곳에서는 피드백이 단순히 '예의 바른 조언'이 아니다. 피드백 자체가 문화이며, 업무 방식 그 자체다. 상사든 동료든, 누구에게나 거침없이 의견을 전달하고, 문제의 본질을 회피하지 않는다. 직급이나 나이에 구애받지 않고 '프로 대 프로'로 서로를 존중하는 문화 위에서만 가능한 일이다.

이처럼 피드백이 살아 있는 조직을 만들기 위해, 일반 기업들도 작게나마 실험해볼 수 있다. 예를 들어 연말의 형식적인 종합 평가 대신, 프로젝트 종료 시점마다 팀원 간 상호 피드백을 나누는 간단한 프로세스를 도입하는 것이다. 처음엔 어색하고 불편할 수 있지만, '성장을 위한 피드백'이라는 문화가 뿌리내리면 조직의 소통 방식과 업무 품질은 근본적으로 변화하기 시작한다.

다만 주의할 점이 있다. 피드백은 결코 '지적을 위한 지적'이 되어서는 안 된다. 사내 정치의 도구로 악용되면, 피드백은 조직을 망치는 칼이 된다. 그래서 넷플릭스는 피드백의 품질을 유지하기 위해 '건설적 직설Constructive Candor'을 강조한다.

더 중요한 기준도 있다.

"피드백은 단순한 의례가 아니라 실제 의사결정의 근거가 되어야 한다."

인사 평가, 보상, 기회 배분—이 모든 것의 바탕이 피드백이어야 한다. 그리고 이것이 제대로 작동하려면 조직 내 정보 투명성이 전제되어야 한다. 구성원이 충분히 맥락과 상황을 알지 못한 채 주고받는 피드백은, 결국 억측과 편견에 불과할 수 있다.

마지막으로, 피드백은 아무리 좋은 의도라도 주고받기 불편한 법이다. 이때 넷플릭스에서는 피드백을 이렇게 시작한다. "이건 당신을 지적하기 위한 말이 아닙니다. 이미 훌륭한 당신이 앞으로 더 훌륭해지기를 바라는 마음으로 드리는 피드백입니다." 이 한 문장 속에 넷플릭스 피드백 문화의 핵심이 담겨 있다. 비판이 아닌 존중, 통제가 아닌 성장, 이것이 바로 넷플릭스가 정직함을 조직의 중심에 둔 이유다.

자율을 가능하게 하는 3가지 조건: 신뢰, 경쟁력 있는 보상 그리고 과감한 이별

많은 기업이 넷플릭스식 자율 문화를 흉내 내다 실패하는 이유는 명확하다. 자율은 주었지만, 기준은 주지 않았기 때문이다. "열심히 하세요"라고 말은 하지만 누가, 무엇을, 얼마나, 어떻게 해야 하는지에 대한 명확한 기준은 빠져 있다. 결국 자율은 곧 혼란과 무기력으로 귀결된다.

넷플릭스는 다르다.

자율은 당연한 전제이며, 그 위에 '극단적으로 높은 기준'을 명확히 설정한다. 그 기준을 충족하는 사람에게는 시장 최고 수준, 심지어 업계를 초월하는 수준의 보상을 제공한다. 동시에 그 기준에 미치지 못하는 사람과는 단호하고도 정중한 방식으로 이별한다.

자율은 혜택이 아니라 신뢰의 결과물이어야 한다. 그리고 그 신뢰를 가능케 하는 것이 바로 투명한 기준과 지속적인 피드백이다. 넷플릭스의 자율 문화는 독립적으로 존재하지 않는다. 그것은 높은 기준, 공정한 보상, 정직한 피드백이라는 세 축이 함께 맞물릴 때 비로소 유기적으로 작동한다. 정교하게 설계된 생태계를 무시한 채 겉모습만 흉내 내면, 자율은 곧 방임으로 전락할 수밖에 없다.

언제나 기준은 하나: "What's Best for the Company"

넷플릭스에는 공식적인 KPI도, 연말 목표도 없다. 그 대신 구성원 모두는 단 하나의 질문을 기준으로 일한다.

넷플릭스를 위한 최선.

리더 역시 이를 평가의 기준으로 삼는다.

물론 일반 기업에서 KPI 없이 조직을 운영하는 것은 대단히 위험할 수 있다. 그러나 넷플릭스가 던지는 이 질문은, 우리가 현재 세운 KPI와 목표를 다시 돌아보게 만든다. 지금의 KPI는 정말 회사의 장기 성장에 도움이 되는가? 단기 성과에 급급해, 오히려 고객 가치나 브랜드 신뢰를 깎아먹고 있진 않은가?

KPI는 어디까지나 방향을 안내하는 이정표일 뿐, 그 자체가 목적이 되어선 안 된다. 상황이 바뀌면 KPI도 현실에 맞게 과감히 조정할 수 있어야 한다. 넷플릭스식 임팩트 중심 문화는 늘 이렇게 묻는다. "지금, 무엇이 더 나은 결과를 만드는가?" 특히 부서 간 이해가 엇갈리거나 의견 조율이 어려운 순간일수록, 이 단순한 질문이 조직 전체의 흐름을 재정렬하는 역할을 한다. 경영진의 역할은 그다음이다.

구성원들이 내린 이 최선의 선택이 합리적이라면, 목표와 KPI를 기꺼이 조정하는 용기를 가지는 것. 진짜 임팩트는 거기서부터 시작된다.

문화는 문서가 아니라 '구성원의 선택과 인정'에서 나온다

많은 기업이 기업 문화 매뉴얼을 만들고, 그것을 여러 차례 강조하다 보면 자기들만의 문화가 만들어질 것이라고 착각한다.

하지만 진짜 문화는 문서에서 나오지 않는다. 문화는 구성원들이 매일 어떤 선택을 하는지, 어떤 행동이 인정받고, 어떤 사람이 남고, 어떤 사람이 떠나는지가 지속해서 축적되면서 만들어진다.

넷플릭스는 이 점에서 극단적으로 일관된 선택을 한다. 성과가 미달인 구성원은 오래 두지 않는다. 반면, 동료와 깊이 있는 피드백을 주고받으며 성과를 창출하는 구성원에게는 아낌없이 보상한다.

결국 「문화 메모」는 이렇게 말한다.
"누구를 승진시키고, 누구를 떠나보내는가."
그 결정이 곧 문화의 언어다.

일반 조직도 마찬가지다. 아무리 멋진 핵심 가치와 비전이 있어도, 인사 평가와 승진, 보상, 채용에서 그 가치가 반영되지 않는다면 사람들은 그것을 '벽에 붙은 문구' 혹은 '홍보용 슬로건'으로 인식한다.

문화는 말이 아니라 행동으로 증명된다. 그리고 그 행동은 결국 '누구로부터 인정받는가'로 나타난다.

넷플릭스의 문화는 단순히 '자율'이나 '자유'로 설명되지 않는다. 그것은 자율이면서도 절제이고, 자유이면서도 엄격하며, 투명하면서도 냉정하다.

이 문화가 작동할 수 있었던 이유는, 각각의 가치가 단순히 나열된 덕목이 아니라 서로 긴밀하게 얽혀 있는 정교한 유기적 구조로 설계되어 있기 때문이다. 각 가치들은 서로를 보완하고 강화하며, 시스템처럼 작동한다. 따라서 넷플릭스식 문화를 단편적으로 바라보는 것은 위험하다.

'법인카드 규정 없음', '무제한 휴가', '최고 연봉' 같은 겉으로 드러난 제도에만 집중하면 오히려 실패한다. 진짜 중요한 것은 그것을 가능하게 만든 철학과 운영 원칙이다. 그리고 그 원칙이 서로 어떻게 연결되어 작동하는지 이해하는 것이다.

모든 것을 한 번에 바꿀 필요는 없다.

작은 변화 하나로도 충분하다.

단, 그 변화는 명확한 방향성을 담고 있어야 한다.

넷플릭스는 말한다.

"We're not for everyone(우리는 모두에게 맞는 회사는 아닙니다)."

하지만 그들의 철학은 우리 모두에게 질문을 던진다.

"당신은 어떤 조직을 만들고 싶은가?"

"They are not for everyone. But we can build another one(그 회사가 모두에게 맞지는 않지만, 우리는 우리만의 버전을 만들 수 있다)."

이제는 여러분의 차례다.

우리의 회사, 학교, 조직, 팀이 세상에서 가장 뛰어난 동료들로 가득 차고, 그들과 함께 미래를 그려가는 곳이 되기를 바란다. 아침에 눈을 뜰 때마다, '오늘도 저 멋진 동료들과 일할 수 있다'는 사실만으로 가슴이 뛰는 그런 조직을.

에필로그

최고의 복지는 최고의 동료

이 책을 쓰는 내내 나는 종종 걸음을 멈췄다. 처음에는 독자를 위한 기록이라고 생각했다. 하지만 시간이 지날수록 이 작업은 내 안의 기억을 꺼내고, 정리하고, 스스로를 돌아보는 과정이 되었다. 손끝으로 더듬는 그날의 장면들, 나눈 대화들, 웃음과 긴장, 그리고 누군가의 눈빛 하나까지도 여전히 선명하다.

영화와 드라마 그리고 파이널판타지 게임을 좋아하던 열세 살 소년. 성남 이매동 저수지에서 개구리를 잡고, 비 오는 날이면 감성에 젖어 『원피스』 쵸파 에피소드를 읽으며 엉엉 울던 촌놈. 그 아이가 25년 뒤, 전 세계 최고의 엔터테인먼트 회사에 들어가 드라마를 보며 월급을 받게 될 줄 누가 상상이나 했을까.

만약 그 시절 누군가 나에게 미래의 일들을 말했다면, 나는 분명 "말도 안 되는 소리 하지 마라"며 손에 쥐고 있던 녹슨 팽이를 냅다 던졌을 것이다.

그런데 놀랍게도, 정말 그렇게 되었다.

넷플릭스에서의 시간은 단순히 커리어의 한 줄로 끝날 경험이 아니었다.

'좋아하는 일을, 좋아할 수밖에 없는 동료들과 함께하는 것.'

그 시간이 내게 어떤 의미였는지, 나는 매일 아침 출근할 때마다 온몸으로 느꼈다. 미국과 유럽팀, 아시아팀과 함께 회의하느라 밤 12시에 시작해 새벽 1시에야 끝나는 날도 많았다. 그런데도 이상하게, 그 시간마저 가슴이 뛰었다. 피곤함보다 설렘이 더 컸다.

만약 누군가 내게 인생에서 가장 빛났던 순간을 꼽으라고 한다면, 나는 단 1초도 망설이지 않고 그 시절을 선택할 것이다.

에피소드를 하나씩 정리하다 보니 자연스럽게 옛 동료들이 떠올랐다. 그들과 다시 연락을 주고받고, 오랜만에 만나 밥을 먹고, 넷플릭스 서울 사무소에 양손 가득 빵 봉지를 들고 인사하러 가기도 했다. 그때마다 나는 마치 졸업한 지 오래된 학교를 찾은 졸업생이 된 듯한 기분이었다. 더 정확히 말하면 졸업했지만 동아리방을 잊지 못해 가끔 찾아가는 졸업생 같은 느낌이랄까.

그리고 여전히 내 옷장에 걸려 있는, 넷플릭스 로고가 박힌 그 회색 후드티. 보풀은 이불처럼 일어났고, 소매는 라면 국물로 얼룩이 졌지만, 그 옷을 꺼내 입는 순간 나는 다시 회의실 안에 서 있는 느낌이 든다. 자연스럽게 마음이 긴장되고, 동시에 열정이 다시 샘솟는다. 아마도 내가 가장 뜨겁게 일하고, 가장 많이 웃고, 가장 깊게 성장했던 시간을 꾹꾹 눌러 담은 감정의 기억이기 때문일 것이다.

사람들은 넷플릭스를 이야기할 때 높은 연봉이나 복지 같은 걸 먼저 떠올릴지 모른다. 물론 연봉도 좋았다. 그리고 여전히 동료 그레이스가 엄선해주던 넷플릭스 서울 사무소의 점심 백반 뷔페는 지금도 가끔 꿈에 나올 만큼 그립다.

하지만 시간이 지난 지금, 내가 진짜로 그리워하는 것은 단 하나, 사람이다. 함께 일하던 동료들, 퇴근하고 나서도 문득 생각나던 얼굴들, 이모티콘 하나 없이 "……"만 보내도 서로의 감정을 바로 알아차리던 사람들. 밤새 만든 전략 보고서를 읽고 나서, 주저 없이 "오케이. 뒤는 나한테 맡겨"라고 말해주던 그 멋진 동료들이 정말 보고 싶다.

다른 조직들은 한두 명의 스타가 팀을 이끌곤 한다. 하지만 넷플릭스는 달랐다. 모두가 주연이었다. 그런데도 누구 하나 '연예인병'에 걸리지 않았다. 서로의 역량을 존중했고, 질문에는 성심껏 답했으며, 잘못은 빠르게 인정하고 고쳤다. 물론 피드백이 고막에 꽂힐 만큼 직설적일 때도 있었다. 하지만 나는 그 직설 속에 담긴 '당신의 성장을 위한 진심'이 좋았다.

넷플릭스에서 내가 가장 크게 배운 것은 이것이다.
"문화는 한 장의 슬로건 포스터가 아니라 구성원이 함께 만들어가는 살아 있는 유기체다."

판단력, 커뮤니케이션, 정직함, 호기심, 책임, 임팩트…… 이 단어들은 단지 미션 스테이트먼트가 아니라 매일매일 조직 안에서 실제로 호흡하고 작동하는 언어였고, 모두가 함께 만들어가는 소중한 자산이었다. 누군가는 그 문화를 차갑다고 느낄지 모른다. 하지만 나는 오히려 그 안에서 더 큰 온기를 느꼈다. 그것은 결국 신뢰에 기반한 훌륭한 동료들 덕분이었다.

실제로 조직 변경이나 해고 등 예상치 못한 이유로 회사를 떠난 이들조차도, 넷플릭스에서 최고의 동료들과 함께했던 시간만큼은 인생에서 가장 빛나는 순간으로 기억하고 있다.

지금의 나는 제법 다른 길을 걷고 있다. 하지만 여전히 넷플릭스에서 배운 그 기준으로 살아간다. 회의에 들어갈 때, 누군가와 협업을 시작할 때, 내 안에서는 자동으로 이런 질문들이 떠오른다.

"지금 이 대화에 맥락은 충분한가?"
"나는 지금 정말로 극단적으로 솔직하게 말하고 있는가?"
"지금 이 선택은 진짜 임팩트를 만들 수 있는가?"
"이 결정은 진정 회사를 위한 일인가?"

"나에게 주어진 권한과 예산을 부끄러움 없이 쓰고 있는가?"

훌륭한 기업 문화가 남기는 것은 단순한 추억이 아니다. 그것은 곧 삶에 대한 태도이자, 흔들리지 않는 기준이다. 그 기준은 내가 어디에 있든, 어떤 일을 하든 나를 지탱해준다.

이 책을 정리하며 계속 한 가지 생각이 들었다. 사람마다 처한 상황은 다르다. 누군가는 조직 생활에 몰두하고 있고, 누군가는 새로운 출발을 앞두고 있을지도 모른다. 혹은 잠시 멈춰 숨을 고르고 있을 수도 있다. 그런데 결국 끝에 남는 건 '사람'이라는 사실만큼은 단순하고도 분명했다. 직급도, 연봉도, 사무실 뷰도 물론 중요하다. 하지만 아침에 출근하며 문득 이런 생각이 든다면, 그곳은 꽤 괜찮은 직장일 것이다.

"저 사람과 함께 일할 수 있어서 참 다행이다."

어디에 있든 그런 사람들과 함께 일하며 살아갈 수 있으면 좋겠다는 생각을 한다. 결국 인생에서 누릴 수 있는 최고의 복지는 허먼밀러 의자도, 냉동만두 간식도, 시원한 생맥주도 아니다.

최고의 복지는 늘 최고의 동료다.

언젠가 이 글을 읽고 있는 당신을 직접 만날 일이 생긴다면, 그때는 나 역시 당신에게 그런 동료로 남을 수 있으면 좋겠다.

끝으로 이 책을 쓰는 데 도움을 주신 모든 분께 진심으로 감사의 말씀을 드린다.

성균관대학교 김경미 교수님, 전 넷플릭스 재무팀 김우영 님, 한화생명 김종민 전무님, 전 넷플릭스 디렉터 김진아 님, 보스턴컨설팅그룹BCG 김형곤 대표님, 전 대상홀딩스 사장 김훈식 님, 트레져아일랜드 박성진 대표님, 부민병원 박억숭 교수님, 인피니툼 박태운 대표님, 국무총리실 박우진 님, 배우 박해진 님, CJ그룹 손제원 님, 드라마제작협회 송병준 회장님, 슈카친구들 신지현 프로듀서님, KFC코리아 신호상 대표이사님, 양소영 님, 소금광산 유창현 대표님, 전 LG스포츠 사장 이규홍 님, 서울대학교병원 이원재 교수님, 블룸버그 이유경 기자님, 그래비티 이창훈 이사님, 전 해병대 사령관 이홍희 님, 전 분당서울대학교병원장 전상훈 교수님, 슈카월드 전석재 대표님, KKR코리아 전재준 상무님, 밸런스치과병원 전준형 원장님, 조성현 작가님, 대한상사중재원 편정호 위원님, 세종서적 주지현 국장님, 최정미 차장님, 김지영 에디터님, 서가영 에디터님, 한정민 작가님. (가나다순)